1987年4月2日，法门寺真身宝塔下的地宫偶然被发现，消息不胫而走，轰动了全世界，数亿人关注着它，并期望了解它的过去……

法門寺傳奇

翟博 著　　　陕西师范大学出版总社有限公司

LEGEND OF FAMEN TEMPLE

图书代号　SK14N0004

图书在版编目(CIP)数据

法门寺传奇 / 翟博著. —西安：陕西师范大学出版总社有限公司，2014.1
ISBN 978-7-5613-7554-9

Ⅰ.①法… Ⅱ.①翟… Ⅲ.①佛教—寺庙—史料—扶风县 Ⅳ.①B947.241.4

中国版本图书馆 CIP 数据核字(2014)第 010792 号

法门寺传奇

著　　者 /	翟　博
责任编辑 /	张建明
责任校对 /	梁　菲
封面设计 /	安　梁
出版发行 /	陕西师范大学出版总社有限公司
	(西安市长安南路 199 号　邮编 710062)
网　　址 /	http://www.snupg.com
经　　销 /	新华书店
印　　刷 /	西安新华印务有限公司
开　　本 /	660mm×980mm　1/16
印　　张 /	11
插　　页 /	1
字　　数 /	145 千
版　　次 /	2014 年 1 月第 1 版
印　　次 /	2014 年 1 月第 1 次印刷
书　　号 /	ISBN 978-7-5613-7554-9
定　　价 /	28.00 元

读者购书、书店添货如发现印刷装订问题，请与本社高教出版分社联系调换。
电　　话：(029)85303622(传真)　85307826

出版者的话

　　法门寺,世界佛教圣地,目前世界上唯一保存完好的佛祖真身舍利的古刹。围绕它历史上演就了不少悲喜剧,民间流传有许多动人传说。您了解法门寺神奇的来历及其历史演变吗?您知道唐代7次举世如狂的迎送佛骨盛况和法门寺4枚迷离千年的佛指舍利来历吗?您知悉法门寺地宫的秘密吗?您了解法门寺地宫珍奇文物遭香港黑社会集团盗窃的历险之情吗?《法门寺传奇》不仅会为您揭开这些千古之谜,也将为您展现出真实的历史风貌。

　　本书采用历史通俗小说(章回体)的形式,在展现历史的基础上,以文学手法再现历史,属最早描写法门寺的文学作品。作者将历史与传奇和民俗融合,探源溯流,从佛祖诞生着笔,上溯到佛教传入中国的奇妙经历、法门寺的出现及其兴盛衰败,下写到法门寺地宫的三次遇难及地宫秘密发现后的探宝经过,将历史与纪实和风土人情结合,铺彩描绘。本书文笔轻灵优美,情节曲折动人,处处入奇,匠心独具。随着作者那流光溢彩和注满知识琼浆的笔触,可把您导入奥妙的佛教文化殿堂,扑朔迷离的传奇世界,使您在历史和传说的王国里神游之余,又可饱览法门寺地宫稀世文物瑰宝的奇观。作者依史实,借艺笔将作品的灵魂与艺术境界推向高潮,读后令人大开眼界,心旷神怡,既可给您以知识的熏陶,又可给您以美的艺术享受。

本书出版后在读者和游客中引起了很大反响,应读者和法门寺佛协及法门寺博物馆的要求,我们请作者重新修订了此书,相信她的再次出版,能够更加以飨读者。

2013 年 12 月

序

　　世界名刹法门寺,已成为世界人民向往的旅游胜地,与秦始皇陵兵马俑齐名,在全球享有很高的声誉。

　　法门寺位于陕西省扶风县北法门镇,东距西安城120公里。这里北倚乔山,南临沣川,地势平坦,土壤肥沃,自古以来即为形胜之地。乔山乃是岐山山脉的一支,而法门寺恰好位于岐山之下的周原上,"周原肵肵,堇荼如饴",是周人的发祥之地。法门一带不断出土早周铜器,有青铜器之乡的美称。它所处的关中平原,文化渊源十分悠久,周文化是其古老文明的优秀代表。佛教传入中国之后,首先在今法门镇建寺,除地势有利,"风水"独秀,寺院可与山川遥相辉映外,也与这里是中国古老文明的发源地、文化发达、民风淳厚、宜于弘扬佛法有一定的关系。

　　法门寺初建于东汉,兴盛于唐代。唐朝是中国历史上的鼎盛时代,中国的经济、文化都得到了空前的发展,佛教文化也不例外。唐都长安佛寺如林,为什么法门寺能独占鳌头,成为皇家寺院中的佼佼者,主要是因为这里供奉着佛指舍利,是佛教的真正圣地。唐代皇帝曾先后6次从法门寺迎佛骨到长安,供奉于皇宫。每次迎佛骨的活动场面宏大,倾动京畿,盛况空前。尽管在中唐以后,出现过武宗灭佛事件,但在整个唐代,佛教文化还是得到了巨大的发展,法门寺名扬四海,享誉全球。经过盛唐一代的苦心经营,法门寺以崭新的面貌跃入世界著名佛寺之林,在世界佛教史上占有光辉的一页。

1987年4月2日,法门寺真身宝塔下的地宫偶然被发现,消息不胫而走,轰动了全世界。数亿人的眼睛注视着地宫的发掘,关心佛教史上出现的奇迹。经过精心发掘整理,发现了人类文化史上巨大的收获——佛指舍利。另外还有属于国家一级甲等文物多批,包括金银器121件(组)、铁质器16件、瓷器16件、石质器12件、琉璃器17件、漆木器及杂器19件、珠宝玉器约400件(粒)和大量的唐代丝织品,实在是巨大的文化艺术宝库。这不仅对研究佛教史,而且对研究唐代政治、经济和文化艺术史等,都是难得的实物资料,其科学艺术价值和在佛教史上的地位均无法用语言估量。法门寺以其精湛的文化艺术而引人入胜,法门寺学也不断地发扬光大。

目前,宗教界、学术界都从不同角度研究法门寺学,已发表了不少文章和出版了不少专著,各有特点,唯独对法门寺传奇尚无人发掘。翟博同志,文学造诣很深,留心历史掌故,深入民间查访,发掘撰写出《法门寺传奇》一书,以它独特的风格,流畅的文笔,叙述了一个个脍炙人口的传奇故事,为法门寺艺苑增添了一枝鲜艳的花朵。读完这本书,不仅可以得到许多科学文化知识,而且处处入"奇",独具匠心,能引起广泛的思考和回味,给人以美的享受。笔者先睹为快,以亲身感受把它推荐给广大读者,希望大家共同欣赏、品味和分享这份美妙的佳馔。

马正林

2008年10月23日

目 录
Contents

一	圣佛陀灭度舍利出	众弟子争筑窣堵婆	/ 1
二	阿育王遍造舍利塔	美阳城突起一圣冢	/ 10
三	几回回复修几回毁	法门寺盛衰佛教史	/ 16
四	法门寺鼎盛看隋唐	七启六迎举国如狂	/ 24
五	唐宪宗拒谏迎佛骨	韩侍郎被贬去潮州	/ 31
六	武宗废佛寺还僧尼	佛徒制影骨塞君命	/ 40
七	观佛像哑女开金口	开情窦公主爱和尚	/ 47
八	懿宗洒涕迎拜佛骨	信徒断臂血染长安	/ 59
九	宋徽宗御驾法门寺	卧虎石演就新传奇	/ 65
十	县太爷嫉妒生诡计	法门寺衰落坏风水	/ 71
十一	皇太后幸古刹降香	宋巧姣闯佛殿告状	/ 75
十二	明万历修砖塔艰难	天仙女下人间指点	/ 84
十三	青羽仙子献丹解难	太白金星借牛拉塔	/ 93
十四	神秘地宫几多遇难	良卿焚身化险为夷	/ 100
十五	一朝兴盛一朝衰落	寄取几多佛恩民怨	/ 108
十六	两兄弟孝母争相死	苏若兰诉情织回文	/ 117

- 1 -

十七	顷刻间真身塔崩坍	震惊呼地宫谜初探	/125
十八	启洞门千年地宫敞	见天光无穷瑰宝现	/132
十九	宝塔雄姿再惊世界	舍利神光重罩人间	/143
二十	法门寺文物无一失	黑社会集团徒手归	/156

后记　/163

再版后记　/165

一

圣佛陀灭度舍利出　众弟子争筑窣堵婆

公元前486年古历二月释迦牟尼涅槃(去世)。此时,正是中国周敬王三十四年丙辰二月十五日黎明时分。在古印度恒河流域拘尸那伽城外一个僻野的娑罗树林里,释迦牟尼对比丘(弟子)们千叮咛、万嘱咐地一番教诲之后,用河水沐浴过,就枕着右手,头朝北,面向西方,疲倦地侧卧在阿难事先安置好的绳床上,慢慢地合上双眼,平静而又安详地去了他的西天极乐世界。

顿时,暴风骤起,林涛怒吼,折木飞石,地动天摇,天空十二道彩虹闪烁。天地在为这位历尽艰辛,体恤众生,创立了一门博大精深的佛教哲人的无量功德而昭示、显证;万物为这位举世卓绝的伟人的溘然长逝而悲伤、哀鸣。

话说这释迦牟尼,姓乔达摩,名悉达多。乃古印度迦毗罗卫国(今尼泊尔境内)净饭王的太子。母摩诃摩耶,乃拘利国的公主。据说这摩耶夫人,曾多年不孕,45岁那年,在一个月光皎洁的午夜,她横卧榻上,刚合上眼,忽梦一只健美的小白象伴随着一道白光,从空中降下,投入她的右肋。是年,她突然有喜。

夫人分娩前夕,依古印度的时俗,要回娘家生产。因此,快到临产期,摩耶夫人便要离开迦毗罗卫城的王宫,到拘利国天臂

1

城去。

傍晚,她来到迦毗罗卫城郊的蓝毗尼花园,这是她父亲为她修建的一座优美的园林。那园中松柏挺拔,绿草如茵,奇花争艳;平静的湖面上盛开着各色莲花,翠柳倒映,相映生辉。摩耶夫人感到累了,便坐在一棵娑罗树下休息。宫女们谨慎伺候。

这是一个迷人的暮春之夜,园中异常寂静,花香四溢,新月高悬。摩耶夫人感到格外舒畅,她就用右手抚弄着一株无忧树枝,安详地坐着赏月。待到东方启明星闪闪发光之时,忽然,一阵和风拂过,带着一朵含苞待放的莲花远远迎面游来,到她跟前突然绽开。立时,摩耶夫人感到阵阵腹痛,当即便生下一个眉清目秀、方额重瞳、神态安详的婴儿来。这婴儿便是释迦牟尼。此时,正是公元前565年古历四月初八日。以后这天就被人们称为"佛诞节"或"浴佛节"。

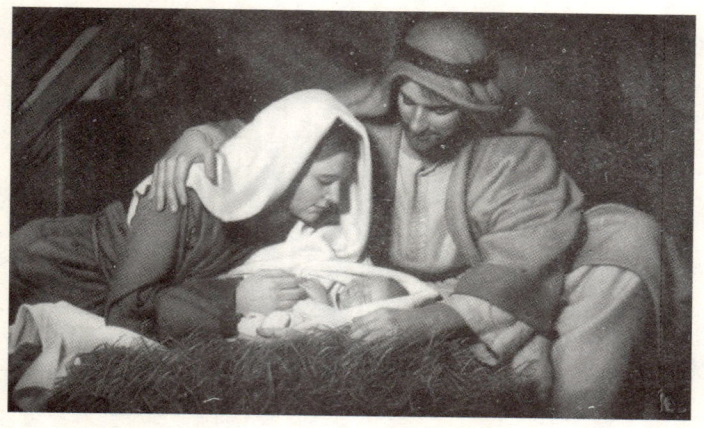

据说那婴儿刚刚呱呱坠地,晴朗的夜空霎时落下丝丝细雨,

予其沐浴。洗毕雨停,那婴儿即能自行七步,并举起右手,发出狮子般地吼声:"我于天下之人中,最尊最圣。"说完此语,又立即像平常的婴儿一样,不行走,亦不言语了。

母子俩在宫女们的簇拥下回到迦毗罗卫城王宫后,净饭王请来几位婆罗门为婴儿祝福,并给他起了个名字,叫悉达多。

悉达多降生后7日,摩耶夫人病逝,嗣后即由同时嫁给净饭王的摩耶之妹摩诃波阇提夫人,担起了抚养的重任。

悉达多王子天资聪慧,相貌端正,且出生奇异。净饭王对他寄予了极大的期望,希望他长大成人后,能继承自己的王位,建功立业,成为一个能统治全印度的君主,因此从小就从各方面对他进行严格的教育和培养。不仅让他向婆罗门大学者学习文学、哲学、算学等,还让他跟武士学习兵法与武艺,所以悉达多不但知识广博,还善骑射击剑。

然而,悉达多却不愿意成为父亲所期望的"转轮王"(轮是古印度一种锐利无比的武器,形状像个轮子,转轮王就是统一天下的圣君)。当时,古印度社会分成四个等级。最高的是婆罗门,是握有祭祀文教大权的僧侣阶级;其次是刹帝利,是把持政治、军事的国王和武士阶级;再次是吠舍,是农民、手工业者、商人及自由职业者;最下等的是首陀罗,是没有任何权利的仆役、奴隶等最低层阶级。他们之间的社会地位悬殊,界限很严。悉达多自幼就爱沉思,世间现象无不引起他的感触和忧虑。

14岁时,早春的一天,他随父王出城巡视,当时正值繁忙的春耕季节,他看见农夫们光着上身,用鞭子抽打着水牛翻耕土地,被犁铧翻出的幼虫在土里蠕动着。不一会儿,飞来了一群鸟儿,将活活的虫子啄食了,他顿时对昆虫产生了怜悯之心。他又

法门寺传奇

看见老黄牛喘着粗气正吃力地拉犁,身上浸出了汗水,颈上勒着绳子,皮破血流,还要受农夫的鞭打,竟对牛的遭遇也可怜起来了。再看看耕田的农夫,他们穿着破烂,在炎热的阳光下暴晒,一个个因劳累过度,面容憔悴,骨瘦如柴。他忽然感悟到,茫茫世间,便是如此的残酷悲惨!自此以后,他再无心寻乐,只觉得所见皆苦,触目惊心,便急转回宫,静坐思虑:应该怎样才能解救众生(人类和一切动物),让大家过上安乐的生活呢?

迦毗罗卫城的东、西、南、北四个城门外各有一处景色秀丽的花园。有一天,他在许多随从的陪同下,准备到城东花园游玩。半路上遇见一位老人,须眉皓髯,弯腰驼背,正拄着一根拐杖,艰难地行路。他想,这人年轻时也一定生气勃勃、精力旺盛,但曾几何时,就眼花耳聋、精力衰竭、行动艰难了,有什么办法能使人解脱衰老的痛苦呢?

过了些日子,他奏请父王,出南门游玩。不料他刚出南门,就遇见了一个瘦骨嶙峋、面色苍白的人在路旁呻吟。他忙问:"那是什么人?"一个随从回答说:"是一个病人。"他用怜悯的眼光看了病人许久,他想,人难免生病,生病必然产生痛苦,好好的身体,竟然成了聚集痛苦的场所,有什么办法才能免除生病的痛苦呢?他思索着,却找不到答案。

不久,他又出游西门。刚出城就遇见四个人抬着一个死人迎面走来,死者的十几位亲人跟在后边,边走边哭,声音凄惨。他想,人生在世,不免一死,死时身心痛苦,家人悲伤,有什么办法能够避免世人死亡时的痛苦呢?

面对这诸多人生苦难以及所有人都无法摆脱的命运,他更加感到人生的短暂,人身的危险。这又促使他思索着一个问题:

如何来解脱世界的苦痛呢？

然而，父王的权利，他读过的《吠陀》旧典，五印新书都不能解决这个问题。这使他陷入了无限的感伤和苦恼之中。后来，他又到北门外花园去游玩。进园以后，他辞退随从，独自来到一菩提树下端坐思索起来。这时，一个沙门（修道者）走过来对他说："解脱之道，不在王宫，而在山林之中。"从沙门那里得知出家可以解脱"生、老、病、死"的痛苦后，他肃然起敬，从而萌生了出家修道的念头。

父王忧虑太子出家，为他筑"寒、暑、温"三时宫殿，并广聚采女，期以五欲牵住太子之心。16岁时，就替他完婚，娶来邻国公主耶输陀罗，生下一子叫罗睺罗。据说悉达多曾有3个夫人及6万采女。但不论净饭王用尽什么方法，豪华的宫殿、五欲的迷醉，都不能留住他的心，他只想着怎样才能帮助所有的人从痛苦中解脱出来。

话说悉达多29岁那年的一天夜里，月明星稀，万籁俱寂，夜静得连孔雀都在树上打盹儿。当人们都处在梦乡中的时候，他悄悄起身，看了他那正在酣睡中的妃子及爱子最后一眼之后，便唤醒他的驭者（车夫）阐陀，跨上马背，悄悄地离开了王宫，离开了迦毗罗卫城。拂晓时分，来到了罗摩村，自己剃除了须发，披上袈裟，现了沙门相，并遣阐陀回城向父王报告他出家的消息。

出家后,悉达多首先到苦行林中参访明师,追求解脱痛苦和人生的真理。在苦行林中,他日食一麻一麦,乃至七日食一麻米,以延续生命,坚持不懈,经过6年时间,结果徒劳无获,体形枯瘦如柴。他即刻顿悟苦行无益,于是,便丢掉苦行,到尼连禅河沐浴,洗去了6年的积垢。由于体力虚弱,他攀着一根树枝才上了岸。这时,一个叫善生的牧女沿河走来,她看到骨瘦如柴的太子,非常可怜,便送他一碗牛奶。受牧女的乳糜之供,调养身体,恢复了气力,他便到附近的毕钵罗树下,铺吉祥草,敷金刚座,东向跏趺(jiāfū,佛教中修行者的坐法,即双足交盘而坐),端身正念,发大誓愿道:"我今如若再得不到无上正觉,宁可碎此身,也不起此座。"(无上就是无可再上的意思,正觉就是大智慧)悉达多发过誓后,静心默照,闭目沉思起来。这时,天空骤变,雷电交加,风雨大作。到了夜里,虎狼朝他吼叫,毒蛇在他四周爬行。第二天,又有过路的美女企图引诱他放弃成道……但悉达多对此毫无所动。

悉达多以其大悲大智的襟怀,奋勇精进的精神,在树下宴坐了七七四十九天,苦思冥想,克服了内外的魔障,忍受着种种烦恼和饥饿的折磨,沉思默想着拔除人间之苦的解脱之道。

那一年十二月八日之夜,明星将升之际,他悟透了一切法(佛教指一切物质、精神现象的总和)无非是缘起(佛教谓宇宙一切事物皆待缘而起),缘起的一切法毕竟是无我的道理。在他的眼前,过去、现在、将来的时空障碍已不复存在,也不再受到视力和听力的限制。他的心像平镜一样,贪、嗔、痴、烦恼再也不起于心头,一切疑惑全部澄清,豁然觉悟一切真理。人的生、老、病、死的痛苦来源于"无明",即对物质的追求所产生的烦恼,如果能够抛弃"无明",即抛弃对物质的追求,便可得到真正的解脱。这就是他所证得的"正觉"。从此,人们称他为无上的佛陀,或称作"佛",意即真理的觉醒。因其是释迦族人,皈依他的信徒就尊称他为世尊或释迦牟尼(牟尼是"圣人""智者"的意思)。

这一天是公元前530年古历十二月初八日,释迦牟尼年35岁,世人后称"腊八节"。寺院和我国民间煮腊八粥的习俗,据说就是纪念释迦牟尼成佛。

释迦牟尼成了伟大的佛陀后,过了三七日,就开始说法济生的工作。45年中席不暇暖地奔走,足迹遍及恒河两岸,凡是同他接触的人无不深受感化而衷心信仰。

经过了45年的化度,80岁那年,佛陀自知其舍寿的时间快到了,但他仍要把握最后的时光。首先召集全体比丘在毗舍离的大林精舍会齐,作了最后一次重要的教诲:"汝等比丘,常当一心,勤求出道,一切世间动不动法,皆是败坏不安之相……""是故比丘,无为放逸,我以不放逸故,自致正觉。无量众善,亦

法门寺传奇

由不放逸得。一切万物,无常存者。此是如来末后所说。"他仿佛一位伟大的慈母,即将远行之际,唯恐幼稚的儿女,不知照顾自己的饮食起居,叮咛又叮咛。

　　接着,他便从毗舍离城向拘尸那迦城,一程一程地步行而去,沿途经过每一个村落,都停下脚来休息,利用休息的时间,向村民说法,最后到了拘尸那迦城外的娑罗树林,释迦牟尼就选择了这样一个僻野小国的野外树林,作为他入灭的处所。

　　释迦牟尼的双目紧闭之后,众弟子皆十分虔诚地跪下来,双手合十,为尊师的肉体能够再生和灵魂能够尽快升天而默默祝福。那个叫阿难的弟子站起来,高声向大家宣布道:"看见了吧!我们要建一座窣(sū)堵婆(塔)安葬师傅,那窣堵婆就是这个样子!"他用手指了指直竖于钵盂上的锡杖。

　　这便是古印度人称的"窣堵婆"的佛塔雏形。

　　释迦牟尼涅槃之后,弟子们悲痛万分。他们把释迦牟尼的遗体运到了拘尸那迦城。远在外地的大迦叶,听说释迦牟尼去世,也急忙赶来。7天后,在古印度恒河流域拘尸那迦城郊野的草地上，为了让佛祖的英灵能早日回到西天极乐世界中去，弟子们点燃了一堆熊熊燃烧的香木大火，佛祖身上顿时升起了缕缕轻烟，直上九天。待到焚烧遗体的大火熄灭，弟子们收拾灰烬时，却奇异地发现，伴随着未烧化的一节手指骨、四颗牙和一片头盖骨及数根头发，佛祖的真身遗物中，竟然还出现了星星点点的圆珠状的结晶体，有白的、黑的、红的。那珠状结晶体宛如珍珠，一个个光彩熠熠，玲珑剔透，再仔细一看，那白色的是骨质，黑色的是发质，红色的是肉质。众弟子俯首合十，为佛祖的道行高深而深深敬服。于是，弟子们便将这些奇异的骨烬颗粒和遗物称为"舍利"。他们将释迦牟尼火化后的骨灰装在一个金瓶里，安放在国君的大殿中，准备建塔安奉。

  释迦牟尼逝世的消息很快就传到了印度各地，7国国王分别派遣使者到火葬地拘尸那迦城，向当地的末罗族人要求分给佛舍利。最初末罗人不肯分给，各国一时争持不下，皆秣马厉兵，跃跃欲试。摩揭陀国王阿阇世王甚至派使臣扬言，如不答应，就将拘尸那迦荡为平地。各国剑拔弩张，眼见一场鏖战就要开始。徒卢那急忙出来调解，才将佛舍利平分给八王。各国分到舍利后，回国建塔安奉，并定期举行纪念会。最后迟到的孔雀王分不到舍利，只好将释迦牟尼留下的骨灰带回去，也建塔安奉。分完后，徒卢那只好将原来装舍利的空瓶带回去，建立了一个瓶塔。至此，释迦牟尼的舍利共被分为十处。

  正是：

佛教本为度众生，博大精深乃学问。

后世多被神秘化，虔诚至极近迷信。

二
阿育王遍造舍利塔　美阳城突起一圣冢

却说释迦牟尼佛涅槃200年之后,此时,古印度正处在摩揭陀国的孔雀王朝时代。公元前259年即古印度孔雀王朝第三代国王阿育王十七年,阿育王统一了北印度诸国,只留下南部东海岸边的羯陵伽国尚未在王朝统治之下。年轻气盛、智勇双全、雄心勃勃的阿育王,为实现印度南北皆统一于他麾旗之下的宏图大略,同年,又发动了对羯陵伽国的战争。

初战报捷,孔雀王国的大军便以势不可挡之势,潮水般地向羯陵伽国土汹涌而去。只见那军阵:旌旗蔽日,军威浩荡,喊杀声连天,队伍过处沿途数十里尘烟滚滚,天地共尘土于一色,丈余外不见万物。但见两军交锋过后,血流成川,弃尸遍野,人头似八月瓜园,滚落一片。孔雀王国大军横扫羯陵伽,很快征服了羯陵伽国。

这场圣战,孔雀王国大军一次屠杀羯陵伽军士10万人,俘虏15万人,而由于战争所引起的饥馑、疾病造成的死亡者,其数倍于此。

且说这位雄才大略,以武力征服了印度诸国,而即将成为全印度"转轮王"的阿育王,听罢这一消息,他那充满兴奋、喜悦之色的脸上,慢慢地露出了一片愁容。阿育王从内心深处感到一种负罪感,他渐渐地为这次征战而深感悲痛。当他想到靠武力征服一个未屈服的地域,而难以征服那里的人心时,他的心里愈加深切地感到一种沉重和不安,于是,他不禁深深叹道:"依法胜,是为最胜。"

"放下屠刀,立地成佛。"阿育王即刻派遣督察大员与自己的儿子,代表他前往羯陵伽国属地,表示他的郑重及其忧虑,以示对一个被征服国家的和解。

据说这阿育王生下来丑陋无比,且性格顽劣,很不得父王欢心。有一年适巧北印度的德叉尸罗地方发生叛乱,父王即派他前去平乱,意在送他去死。所以,军队的武器装备都很差。想不到这位智勇兼长的阿育王,竟然一举平叛,做了那里的总督,因此深受朝臣拥护。相传他的父王是受他胁迫而死,待等父王一崩,他就大杀昆仲,自己掌握了政权。他有101个兄弟,被他杀了99个,只留帝须未杀。也许因基础未稳,他掌权4年之后,即在他25岁那年,才进行了灌顶即位的大典。即位后,他又置地狱之刑处置人民,同时征伐南方的羯陵伽国,屠杀无辜,故有"暴恶阿育王"之臭名。

放下屠刀的阿育王,见到征伐杀戮的惨状之后,遂大生悔心,皈依佛教。回师后即刻亲近僧伽,修持佛法,并以轮王政治的理想自许,以和平的正法来建设繁荣安乐的社会。从此,他先后特赦囚犯25次,每年开无遮大会一次,还禁杀生、行布施、修道路、植树、凿井、造佛寺、建佛塔,遍及全国。又设立正法大官,巡回各地以宣扬正法,广施仁政,爱护万民。他还亲自巡礼佛迹,到处竖立石柱,刻敕纪念,并派正法大官到外国宏化。他派去的正法大官曾西到叙利亚、埃及、马其顿、克莱奈、爱毗劳斯等地域，向东到柬埔寨，以宣扬和平的重要，增进国际间的亲善。

随后，阿育王又请目犍连子帝须为上座，在华氏城召集长老1 000人，从事佛典第三次结集，费时9个月。结集之后，阿育王即派大批传教士，分赴世界各地弘传佛法。

据说为弘扬佛教，使佛光远大，阿育王曾遣空中和地下40里之内的所有鬼神，开往前八王所筑的窣堵婆，取出所有舍利，分84 000份，役鬼神遍撒三千大千世界，一日一夜每一亿人家施一塔，四海之内共计84 000座塔。中国共得19份，因此，九州之地有19座塔传为阿育王所造。这19座塔分别为：西晋会稽鄮县塔、东晋金陵长干塔、石赵青州东城塔、姚秦河东蒲坂塔、周岐州岐山南塔（即法门寺塔）、周瓜州城东古塔、周沙州城内大乘寺塔、周凉州姑臧古塔、周洛州故都西塔、周甘州山丹县古塔、周晋州霍山南塔、齐代州城东古塔、隋益州福感寺塔、隋益州晋源县塔、隋郑州超代寺塔、隋怀州妙乐寺塔、隋并州净明寺塔、隋并州榆杜县塔、隋魏州临黄县塔。法门寺塔属第五塔。

却说那一夜，阿育王所派的鬼神，星夜云游，来到东土神州，飘入周原美阳城上空。只听仙乐阵阵，钟磬叮咚，异香遍野。顷刻间，茫茫夜空亮光四射，如同白昼。众鬼神连忙按住云头，借着光亮俯视美阳城，但见东西美阳、七里两河宛如银练，飘然绕城而过，北之乔山恰似青龙，苍翠欲滴，南之太白山白雪皑皑，晚风把那林涛和潺潺溪水奏成一曲美妙而和谐的音乐。正当诸鬼神惊叹不已、停云难行之时，忽见一座巍巍宝塔拔地而起，矗立于周原美阳之上。众鬼神大喜，连连惊呼："妙哉，妙哉，此不愧华夏发祥圣地。"遂将佛祖舍利珍藏于宝塔之下。关于阿育王一夜间遣鬼神遍造84 000座佛塔的传说,佛典均有记载,对此,全世界7亿多佛教徒至今笃信不疑。

诚然,鬼神造塔之事,属于奇异的神话传说,那么,佛祖舍利究竟何时珍藏于法门寺,法门寺又兴建于何时呢?

话及阿育王统一印度之后,为巩固其统治,弘扬佛法,取阿阇世王所藏舍利及其他地方所埋舍利,造84 000宝匣、宝盖,用84 000匹彩缎严护,派僧团分送至印度各地及阿富汗、尼泊尔、缅甸、锡兰等世界各国,也分送到中国19份。那时,正是中国的秦始皇时代。

秦王嬴政四年(公元前243年),到达中国的西域沙门室利房等一行18人,千里迢迢来京师咸阳传教。其时正值仲秋时分,当他们一行路经京畿之地的周原谷地美阳附近时,天色已近黄昏,于是,这一行人便就地于美阳城西的佛指沟(今岐山县内,法门寺西)休息,以待来日早早赶至京城。

只说这室利房一行驻足佛指沟稍息,忽然间,只见美阳城青烟袅袅,云兴霞蔚,秋日的夕阳多情而柔和地将余晖洒向天空,泻入大地。美阳城上空泛起了朵朵红霞,那阳光伴随着黄昏时大地升起的雾霭,筑成了束束彩色的光柱,此刻的美阳城仿佛神话中的蓬莱仙阁,美丽如画。正是:"清秋日夕淡云烟,四塞山河正晓然。天际晴晖在凤岫,堤边绿柳界秦川。"众沙门一见无不惊奇,连叫:"宝地,宝地!"遂趁夜阑人静时,悄悄地将佛指舍利瘗藏于美阳城中。

待到第二天清晨,乡民们起来,忽见城中突起一"圣冢"。只见晨曦中,紫烟萦绕,祥云飘飞,百鸟云集,百凤齐鸣。一时间,乡间里弄议论纷纷:有人说夜间见有白光闪烁;有的说见有天神下凡;有的说夜间闻钟磬之声……留下了许多美妙的传说。

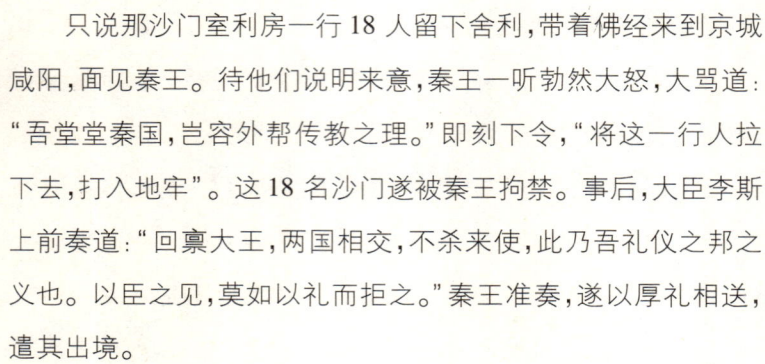

只说那沙门室利房一行18人留下舍利,带着佛经来到京城咸阳,面见秦王。待他们说明来意,秦王一听勃然大怒,大骂道:"吾堂堂秦国,岂容外帮传教之理。"即刻下令,"将这一行人拉下去,打入地牢"。这18名沙门遂被秦王拘禁。事后,大臣李斯上前奏道:"回禀大王,两国相交,不杀来使,此乃吾礼仪之邦之义也。以臣之见,莫如以礼而拒之。"秦王准奏,遂以厚礼相送,遣其出境。

时移世异,307年弹指一挥间,这时中国的历史已进入东汉明帝永平七年(公元64年)。一天夜里,汉明帝看完歌舞,在宫女淑妃们簇拥下回到宫殿,昏昏然上了龙床,待等睡意正酣,忽而梦见有一金人,其形高大,头顶中间佩日月光,绕殿飞行。他从睡梦中惊醒,正欲呼之,那金人顿然消失,而白光亦突然隐去。明帝甚是惊奇。翌日,文武百官上朝,明帝将自己昨晚之梦说与群臣,众臣无不称奇。此时,有臣道:"西方有神其名曰佛,其形长丈六尺,且成黄金色,陛下所梦得无是乎?"明帝听后,大喜,于是遣郎中蔡愔、博士弟子秦景等人出使天竺西行问其道术,而图其形象焉。

次年,蔡愔与沙门摄摩腾、竺法兰以白马负经,东还洛阳。永平十一年(公元68年),明帝令在洛阳城西雍门外立白马寺。这便是佛教传入中国之始。自此,中国开始了建筑佛塔的历史。

大约到了东汉桓、灵年间,人们根据美阳城有"圣冢"的迹象,在其上建塔,后"因塔设寺,寺因塔名"。初名阿育王寺,唐时改为法门寺。因其内珍藏有释迦牟尼指骨舍利,被视为"真身"之地,亦称"真身无忧王寺",院内宝塔称"大圣真身宝塔"。

正是：

阿育王治民正心，放屠刀弘扬佛法。

汉明帝圆梦求佛，播智慧经来白马。

二

几回回复修几回毁　法门寺盛衰佛教史

话说这法门寺自创建之日起，就卷入了佛教传入中国后所激起的重重矛盾斗争之中。它宛如一面历史的镜子，反射着我们民族历史变迁的潮涨潮落，亦反映了佛教传入中国后的历史发展之迹。只要我们站在历史的源头，沿历史之河放舟而下，从法门寺修毁盛衰的历史演变中，便不难看出历史发展的轨迹。

佛教自东汉传入中国，到魏晋南北朝时期，法门寺首次遭到了北魏太武帝拓跋焘的毁佛劫难。北魏太平真君五年（公元444年），太武帝拓跋焘，为达到巩固其统治地位和经济上与寺院争夺剥削对象的目的，下令灭佛，杀和尚，毁寺塔，毁佛像佛经。在这一次大规模毁佛劫难中，法门寺塔寺变成一片废墟。到了北魏孝文帝延兴二年（公元472年），因孝文帝崇信佛教，岐州长官拓跋育重修了法门寺，并资助度僧，初启塔基，肇申供养佛骨。从此法门寺又兴盛起来。大约也就是从这时起，法门寺佛指舍利从庶民百姓的望塔敬拜，发展到了官员的启塔瞻礼。

佛教的兴盛，寺院的扩大，僧尼的增多，即刻又与统治阶级的利益发生了尖锐的矛盾。因佛寺占有大量土地和农耕劳力，待及北周，周武帝宇文邕又发动了历史上第二次毁佛运动。他首先于建德二年(公元573年)十二月召集群臣、和尚、道士,亲自宣布三教次序:先儒、次道、后佛;又于建德三年正月,命令寺院按人口向朝廷纳税服役;同年五月严禁佛、道二教,毁佛经佛像,并限令和尚还俗。当时法门寺有住僧约500名左右,全被放逐于太白山九林寺。法门寺也被焚毁,仅余两座佛堂。此后直到北周大成元年(公元579年),周宣帝即位后,取消了禁令,法门寺才被允许恢复佛事。

当中国的历史进入隋唐两朝(公元581—907年),在此326年间,法门寺以其历史巨人般的步伐逐渐迈向其鼎盛时期。隋文帝杨坚建隋之后,一反北周武帝反佛的策略,为借宗教巩固其统治,遂力倡佛教,并昭讼佛寺和尚享受免除赋役特权。据说杨坚推崇佛教还有另外一种缘由。

杨坚自幼长于尼姑庵里,是尼姑一直把他抚养到13岁,因而他对佛教,对寺院,对僧尼有着特殊的感情。他登基的第一年,就普诏天下,令百姓任便出家,按人口出钱铸造佛像,官造一切佛经置于寺内。隋文帝在位23年,凡度僧尼达23万人,造佛像60余万躯,写经46藏13万卷,修治故经400部。此期间,他还三

次在各地修建佛塔113座。扶风县西观山凤泉寺舍利塔乃其中之一。隋文帝以仁寿宫为行宫,经常来凤泉寺和法门寺拜佛,时称这两寺一宫为"三宝圣地"。隋文帝开皇三年(公元583年),又将阿育王寺(法门寺)改为"成实道场"。仁寿二年(公元602年),右内史扶风郡牧李敏修葺了"成实道场",并启开地宫供奉佛骨。

至唐代,唐国公李渊,本信佛教,待他当了皇帝,因其姓李,为攀宗结姓,投道教祖师李耳门下,改尊道教,以期巩固其新朝政权,也因寺院本身占有大量土地,僧侣盛众,享有免赋役等特权。李渊于武德元年(公元618年),继北周武帝以后,再一次诏令排序三教先后,成实宗教又开始衰败。是年,亦改"成实道场"为"法门寺"。此乃法门寺名之首次出现。这时,法门寺又遭到火焚,损坏极其惨重,塔基残露。这是继北周武帝毁佛之举后,法门寺受到的又一次严重破坏。

世间事"三十年河东,三十年河西"。到了唐太宗李世民时,因李世民出生于武功庆善寺宅第,且幼时身体羸弱,李渊曾托请佛神佑护而在寺院长大。因而,比起他父亲,李世民对佛教更有一种特殊的感情。武德元年(公元618年),身为秦王的李世民在率师伐薛之举得胜后驻军沣川(今扶风县城),他带着胜利后的喜悦,催马赶赴法门寺降香拜佛,并给法门寺度僧80名,立慧业(素)为住持僧。贞观五年(公元631年),岐州刺史张德亮,素面信佛,来寺礼拜,但见古塔寺倒毁,塔残基破,遂奏请唐太宗重修法门寺,除复修旧制规模外,又新建了四层木塔。

待到唐高宗李治时期,因武则天由尼姑过度为皇后,对佛教自有偏爱。在武则天的影响下,唐高宗亦崇信佛教,热心于佛事活动。为迎佛骨于东都洛阳供养,于显庆四年(公元659年)派智琮、惠辩二和尚会同臣王长信携钱5 000贯、绢5 000匹,后又赐绢3 000匹,敕旨征调国内名士巧匠,按蓬莱仙境绘出蓝图,重修了法门寺木塔、地宫。后经武则天、唐中宗时期的几次大规模修建,法门寺形成了二十四院的格局。

到了唐肃宗、唐代宗时期,由于100多年的风雨侵蚀,加上"安史之乱"的破坏,法门寺又经过一次大规模的整修。唐文宗开成三年(公元838年)有信佛之臣向朝廷奏道,天空出现五色云,漂浮至法门寺上空,经久不散。唐文宗认为此乃祥瑞之兆,遂下诏改法门寺为法云寺。

却说历史到了唐武宗时代,随着佛教的迅速发展,其政治、经济力量也随之膨胀,那时寺院不仅占田夺人,控制有农户,而且还有了自己的僧律和僧兵,不受官府约束。唐武宗崇信道教,严禁佛教,于唐会昌四年(公元844年)毁佛教道场,坏佛像,焚佛经,勒令僧尼26万人还俗;继而禁止供养佛牙、佛骨。法门寺在这次毁佛中遭到了极大破坏。

武宗禁佛后三年,唐宣宗李忱即位,为借佛力佑护自己延年益寿,永保皇位,遂又大力倡复佛教,修复法门寺殿堂,佛事又开始兴复。懿宗时基本上恢复了法门寺旧制。

岁月不居,时节如流。再说五代、宋、元、明、清至民国(公元907—1949年)这1 042年间。种种迹象表明,法门寺逐渐走向衰落,这不仅因为它已由皇家寺院逐渐转为丛林宝刹,还在于唐代的二十四院,在逐渐减少,明朝时虽曾有恢复趋势,很快

三 几回回复修几回毁 法门寺盛衰佛教史

又被毁，到了清朝和民国，虽有修复之举，但规模远不及以前。宋代虽然曾置田 700 余亩，明代修筑起砖塔，但并未带来寺院的再次兴盛。

五代时，法门寺二十四院规模无多大变化，到了后周显德二年（公元 955 年），周世祖柴荣废除寺院，禁止度人为僧尼，毁熔铜佛像、铜钟磬以铸钱，废除佛寺 3 万余所，法门寺受到很大影响。

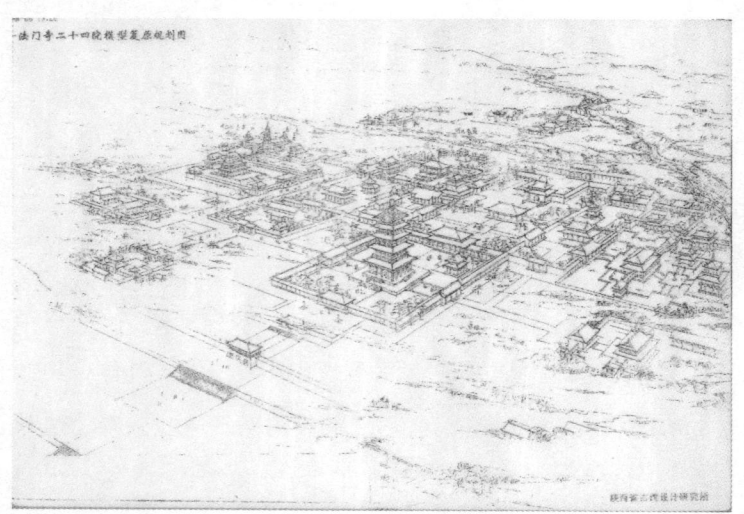

北宋初年，北宋太祖赵匡胤废周而建宋，为依靠佛力维护统治，一反后周禁佛转而大倡佛教。北宋时，法门寺和尚过万人，有土地 600 余亩。北宋真宗咸平二年（公元 999 年），改法门寺为"崇真寺"。

明代时，朱元璋崇信佛教，曾改"崇真寺"为"崇正寺"，用以表明法门寺是佛教正宗。这时，法门寺虽很得皇家重视，但维修统由民间出资出人，朝廷不再经营。明穆宗隆庆三年（公元 1569 年）法门寺木塔倒塌，明万历七年（公元 1579 年）扶风信民杨禹臣、党万良等倡导，在原址上新建砖塔，并铸造巨钟一口。

清代时,法门寺变化甚微。顺治十年(公元1653年)扶风信民党国柱重建法门寺钟鼓楼、大雄宝殿和铜佛殿。清同治元年(公元1862年)回民与捻军的战乱,法门寺再度遭到破坏。

民国时期,随着军阀混战与国民党的不断驻军,法门寺残破几尽,寺中已无僧尼主持。

1949年,中华人民共和国的成立,使法门寺进入了一个新的历史时期。在中国共产党领导下,宪法提倡"宗教信仰自由",法门寺一直得到维护。1957年法门寺被列为省级文物保护单位。1980年陕西省又再次确定法门寺为省级重点文物保护单位。从此法门寺获得了新生,它不仅成为宗教信徒的正常活动场所,而且成为旅游、观光的重点游览区。1979年政府拨款修葺了大雄宝殿和铜佛殿,1982年政府又拨款重修了寺院围墙,恢复重建了钟鼓楼。

此时,由政府投资,因地震暴雨坍塌的法门寺真身宝塔亦

法门寺传奇

重建一新。整个结构古今结合,钢筋水泥骨架,青砖砌色。倘若有兴驾游法门寺,当驱车驶入那一望无垠的周原大地,远远便可看见一座矗立在绿茵环绕中的巍巍宝塔,直插云天。待步及寺地,首先映入眼帘的是三明两暗五楹廊仿唐式建筑山门。进门迎面是铜佛殿,绕过铜佛殿,突兀耸立的便是十三级舍利宝塔,新建砖塔下亦有地宫。那地宫内现藏有释迦牟尼的佛指舍利一枚,供人瞻礼。塔后有大雄宝殿。寺院西边,建有珍宝阁展览馆。珍宝阁分作三层,上层为珍宝展厅,基本上仿地宫出土的鎏金式舍利方塔造型而建;中层为陈列厅,顶墙有吸音板镶装,四面设宽敞的过厅,形成整体十字形;下层形如中层,广大而宏阔。中为文物库,周围设有修复室、研究室、文物管理室,可提供了解、参观、研究法门寺的一切资料。这个珍宝阁通体高24米,总建筑面积1 670平方米。整个造型均采取仿古结构,雄浑庄严,和谐有致,层层飞檐斗拱,四廊环绕,好生气派。

三 几回回复修几回回毁 法门寺盛衰佛教史

正是：

悲千年古刹修毁，主宰岂容一皇族。

喜今朝舍利重光，浩荡涌来四海客。

四

法门寺鼎盛看隋唐　七启六迎举国如狂

　　话说自从人们根据法门寺那"圣冢"的迹象,于汉桓、灵年间在那儿建塔置寺以来,人们在从事佛事活动之余,冥冥之中总会发问,法门寺宝塔下是否真瘗藏有佛祖圣物,佛指舍利是否真有化人之法力呢?随着时间的推移,这些传说更加扑朔迷离,并走向神秘。当中国的史书翻到北魏之时,有个在岐阳任上的郡守拓跋育,于北魏孝文帝延兴二年(公元472年),首次勇敢地启开了地宫,取出佛骨舍利,并肇申供养,从而揭开了这一历史之谜。

　　时隔132年之后,隋文帝仁寿四年(公元604年),右内史扶风郡牧李敏又一次奏请启开地宫,供养佛骨。

　　这两次启开塔基供养佛骨之盛事,宛如历史老人眨巴了一下眼睛,弹指过去了,但当年开启时的盛况,却给后人留下了一个古老而美妙的传说:法门寺宝塔下奠瘗佛祖指骨舍利,此塔30年一开,开则岁谷稔而兵戈息。

　　只说时序进入唐代,第一个对此传说感兴趣的皇帝便是功勋卓著的唐太宗李世民。贞观五年(公元631年),岐州刺史张德亮在奏请修复法门寺时,把这一古老传说告知了唐太宗。于是,好大喜功的太宗随即敕准开塔。果然在塔基深一丈处发现了那传说中的舍利。此消息一传开,顿时震动佛门,许多人蜂拥而至,前往观看。京城内外欢腾同赴者络绎不绝,因而屯聚在法门寺塔周围的人,日有数千。当时,舍利被置于高台展示,参观者拥挤不堪。由于看不清楚,人们一时众说纷纭,有的说,看上去如玉,白光映彻;有的说,看见是绿色;有的说,看见佛形象;有的说,看见菩萨圣僧;有的说,看见红光;有的说,看见五色杂光;还有人完全没看见。有人烧头炼指,刺血洒地,殷重至诚,才看到舍利。据说有一已盲多年之人,努力直视舍利,忽然双目明净。一石激起千重浪。这次唐太宗只是开塔瞻礼,便掀起了一场崇佛热,自此以后的200余年间,唐太宗的皇子皇孙们便先后掀起了6次迎奉佛骨入长安、进洛阳的巨浪狂潮。

第一次迎奉佛骨入长安宫中供养乃唐高宗时。高宗显庆四年(公元659年)九月。一日,宫廷道场和尚智琮、惠辩陈奏高宗道:开法门寺塔出示佛骨30年期已满,请旨再次开塔,以求感应。高宗欣然同意,并赐钱5 000贯、绢5 000匹以充供养。

智琮、惠辩到法门寺后,即入塔内,专精苦道,行道好久不灵验,遂在臂上安炭火,烧香懔厉,专心致志,忽听塔内佛像下有振裂之声,寻声去看,但见瑞光流溢,霏霏上涌,次日早晨获得舍利一

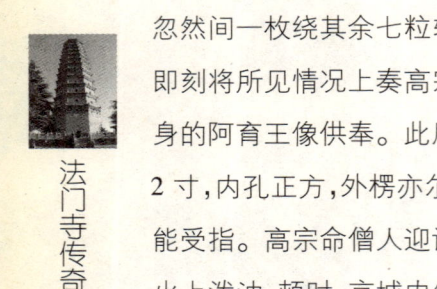

枚,殊大于粒,光明鲜洁,仔细寻看,又获七粒,待全部放于盘中,忽然间一枚绕其余七粒转动,均放光明,炫目耀眼。智琮、惠辩即刻将所见情况上奏高宗,高宗又送绢3 000匹,并要造与他等身的阿育王像供奉。此后,才在塔内得形状如上指的舍利,骨长2寸,内孔正方,外楞亦尔,下平上圆,内外光洁,以指入孔内,恰能受指。高宗命僧人迎请舍利至长安入宫供养。这一诏令犹如火上泼油,顿时,京城内外道路连接200余里,往来相续,皆称佛德,一代光华。显庆五年(公元660年)三月,高宗敕取舍利往东都洛阳,入内供养。此后,高宗按中国传统的埋葬制度,给舍利造雕镂穷奇的金棺锦椁,武后舍所寝衣帐等物供养。龙朔二年(公元662年),才将舍利送还法门寺,掩于石室。这次迎请佛骨时间之长,历时4年。

第二次迎奉是武则天武周长安四年(公元704年)。那时武则天已临朝称制,改唐为周,取李家天下而代之。那武则天以女身称帝之举,乃中国政治上从未有过的先例,为了证明她至高无上地位的合理性,到处寻找理论依据。于是她想到了佛教,虽然原始佛教本亦轻贱妇女,但在流传过程中有所改变,如大乘佛教的经典中,就有女身受记为转轮王成佛之说。武则天天授元年(公元690年),法明和尚编撰《大云经》谎称,一佛没700年后为女王下世,威伏天下。武则天乃西方弥勒佛下世,应取代唐天下之主，为武氏受命之符。武则天即下令将《大云经》颁行天下，并在长安、洛阳以及诸州各建大云寺一所，遂大力推崇佛教。当时最大的佛事活动就是迎请法门寺佛指舍利。长安四年（公元704年）冬，武则天命凤阁侍郎崔玄暐、沙门法藏，偕同应大德、纲律师等10人，往岐州法门寺迎取佛舍利入宫供养。法藏等入塔所行道七昼夜，然后启发，显示于道俗。但见顶缸指炬者争先，舍财投宝者耻后。除夕当天，当舍利再次迎至长安安福寺，只见万众焚香，千官拜庆，善男信女竞相施舍，香花鼓杂之妙，连平时眼睛不明亮、耳聋之人亦可见闻。及至正月十一日，舍利入东都洛阳，武则天敕令王公以下官员和洛阳城近事之众，精事幡华幢盖。又命太常具乐奏迎，浩浩荡荡迎请佛骨入内宫，放置于明堂，正月十五日，武则天身心护净，头面尽虔，请法藏捧持，普为善寿。

　　武则天一向和佛有情有缘，单就其一生当政期间，两次奏迎佛骨，乃属历史上仅有。武则天出生于武德五年（公元622年）。贞观十年（公元636年），她14岁时，因其相貌出众，应诏入宫，为唐太宗李世民妃。后太宗卒。按照当时朝中规矩，皇帝死后，没有生过孩子的宫人，都要到佛寺或道院当尼姑。武则天便入京都感业寺削发为尼。因其早先与太子李治有勾情，高宗李治即位不久，即将其从佛寺引入后宫，永徽元年（公元650年）被封为皇后，直到后来做了正式皇帝。在她眼里，自己一生的命运，佛给她帮了大忙，因而她一生极为推崇佛教，大操佛事，以此来报答佛的恩典。

　　唐中宗景龙二年（公元708年），中宗和韦后又亲自驾幸法

门寺入塔供养佛指舍利。景龙四年,中宗还特意为法门寺塔题铭"大圣真身宝塔"。因此,这个时期佛教在中国得到了很大发展,其社会地位列在儒、道之前,从而达到了唐代第一次崇佛高潮。

唐代第三次迎奉佛骨舍利在唐肃宗时。唐肃宗在安史之乱中即位,受命登基于烽烟戎马之时。当时国无宁日,民不聊生,他本人迫切希望平乱治世。因此,为确保李唐王朝的江山稳固,他也自然地求助于佛法。上元元年(公元760年)五月,肃宗敕僧法灯,中使宋合礼、府尹崔光远启发舍利,迎入宫内道场,肃宗躬身临筵,昼夜苦行。

事由缘起,话分两头。且说唐时,因皇帝多到法门寺迎奉佛骨,每次迎请之前,皇家都不惜财力、物力大修法门寺。也许因有圣迹在此,法门寺在李唐280多年间,经各代多次兴建增修,成为规模宏大的皇家宫廷寺院。其标志便是"瑰琳宫二十四院"。

法门寺经过隋末战乱,只剩残垣断壁。李唐王朝建立后,经宝昌寺和尚普贤奏请,唐高祖李渊予以重修。然而不久,一场大火又使它冷落了十余年。

贞观五年(公元631年),岐州刺史张德亮到法门寺礼拜,见法门寺一片荒凉,十分伤感。遂上表请用望云宫一座大殿的木石砖瓦重修法门寺。唐太宗准奏,下诏修复,从而修建了一座木构楼阁式唐代木塔。唐高宗显庆年间不断修补,法门寺宝塔更加庄严轮奂,制置殊丽。

武则天长安四年(公元704年),为迎佛骨,对法门寺又进行了一次大规模的修建,增修了寺院殿宇。武则天为弘扬佛教,不惜财力,令购置宏材,征集天下能工巧匠,大兴土木。法门寺经这次建设,寺院规模宏大,殿宇鳞次栉比,壮丽辉煌。但见那宝塔:塔上塔下危槛对植,曲房分起,栾栌叠拱,枕坤轴以盘郁;编织成序的雕梁画栋,各随地势,拓乾拘阙,既壮丽辉煌,又玲珑剔透,神工鬼斧,巧夺天工。远望塔顶树刹,上挑彩帐,漫卷和风,气势非凡;近看塔下巨柱,拔一柱以载天,蜿蜒霞舒,揭万楹而捧日。

唐肃宗时,又一次修葺法门寺,其门楼、钟经诸格及东西行廊复之一新。此时,法门寺宏丽已成佛门"极乐之所",达到了唐代崇佛的第二次高潮。至此,经过历代的多次修筑增建,法门寺的规模达全盛时期,形成塔院、禅院、内院、圆觉寺、菩萨院、法华院、罗汉院、经象院、净土院、地藏院、天王院、三会院、五会院、十五院、吉祥院、洁宝院、涅槃院、左会院等24院。寺内僧尼亦由周魏时的500多人发展到5 000余人。此时,法门寺已成为佛教大道场,是上自皇帝下自乡间黎民进行佛事活动和供养祈福、拜佛烧香的重要场所。

贞元六年(公元790年),唐王朝又掀起了第四次迎奉佛骨的热潮。是年春,唐德宗诏法门寺佛指舍利于禁中,又送诸寺中以示众,倾都瞻礼,施财巨万。二月遣中使复葬故处。在此之后,又于宪宗元和十三年(公元818年)十一月,懿宗咸通十四年(公元873年)三月掀起了第五次、第六次迎奉佛骨的热浪。在这六次迎奉佛骨活动中,尤以唐懿宗咸通年间规模最大。

至此,法门寺以其皇家寺院的显赫地位及其宏丽壮观的二十四院和它的七启六迎请佛骨的盛大活动,达到了最为辉煌的顶峰。

有诗叹道:

树建宝塔跨穹宇,华夏智慧古绝伦。

膜拜佛骨耗资材,天子皈心期延年。

唐宪宗拒谏迎佛骨 韩侍郎被贬去潮州

只说大唐王位传至唐宪宗,那宪宗执政后期,侈心渐起,大兴土木,修麟德殿、浚龙首池,筑承晖殿。还派人到处觅长生药,采多灵草,以求延年。推崇佛教,祈祷长寿。

元和十三年(公元818年)十一月,唐都长安下了一场大雪,整个都城顷刻披上了一层银装,只见宫舍皓然,街巷泛白,玉树银花,甚是迷人。众太监们为适圣意,见景即奉承宪宗道:"此乃瑞雪兆丰年呀!"这天,唐宪宗危坐皇宫,在妃子、宫女的簇拥侍奉下,一边饮酒赏雪,一边听宫女唱《清平调》。待他作乐寻欢、如醉如迷时,忽而殷勤的功德使上前奏言:扶风法门寺有护国寺真身塔,塔内有释迦牟尼佛指骨一节,相传30年一开,开则岁丰人安。来年应开,请迎之。

元和十四年(公元819年)正月,唐宪宗即遣太监杜英奇带领宫人30名,手捧香花赴扶风法门寺迎佛骨。

这大太监杜英奇一向贪赃枉法,此行对他来说是件大发横财之美差,他可假借天子之命,趁机向沿途州县敲诈勒索。出发前夕,杜英奇便传令各州县,隆重迎送佛骨,并授意沿途广搭彩棚,红毡铺地,强迫百姓于道旁磕头膜拜。

法门寺传奇

待等迎请佛骨时,那杜英奇坐着八抬大轿,所带随从骑着高头大马,前有乐队齐鸣,轿前供桌上放着檀香炉,青烟缭绕。沿途所经之地,州官、县令都到城外迎接。除隆重招待外,还须上"布施",这些钱大都落入杜英奇的腰包。

佛骨迎入长安,自光顺门入大内,留禁三日,乃送各佛寺轮流供奉。此事所花白银不下千万两。

有道是:"上好则下必甚。"唐宪宗这一敬佛不要紧,各王公大臣、绅士富户,直到普通百姓,也都争着向寺院施舍,有人因此而倾家荡产,还有人烧自己的头顶,或烧自己的胳膊以示诚心,期能供养佛骨。其实出于真心这样做的人,毕竟是少数。不少王公贵族,不过是想借此机会逢迎上意。

刑部侍郎韩愈,本来素不信佛,见皇帝及王公贵族如此,非常愤怒。

是夜,料峭春寒,冰令如铁。韩愈在书房内独自徘徊,面对世人如此疯狂地迎奉佛骨之举,他思绪万千,心如刀绞。良久,他毅然走到桌边坐下,奋笔疾书,写了篇《论佛骨表》。上疏谏曰:

佛教原来是外国的宗教,东汉时才传入中国。黄帝在位100年,活了111岁;另一个古老帝王少昊在位80年,活了100岁……大舜及禹年龄是百岁。那时天下太平,百姓过着安乐的日子。可是那时中国并没有佛教。其后,商汤王、周文王都活了90多岁,那时佛法也没有传入中国,他们都不是因为信仰佛教而延年益寿的。

东汉明帝时,佛教开始传入中国。明帝诚心诚意地信奉佛教,可是在位只有18年。以后荒乱年馑,一个接着一个,福运不长。南朝的宋、齐、梁、陈以来,敬佛更加虔诚,这些信奉佛教的帝王,在位的时间却更短了。

高祖建立大唐后,曾经商议废除佛教的事。但当时的大臣缺乏远见卓识,不能深刻理解先王之道,正确衡量利弊得失,废佛的事情也就被放在一边了。

今天陛下命令群僧,到扶风迎接佛骨,并接入皇宫,又让各寺轮流供奉……老百姓看到皇上这样做,以为自己更应该舍命信佛。这样便造成了为奉佛而倾家荡产,本分应该做的事也抛开不做了。如此发展下去,将造成莫大的灾难。

何况那佛祖本是外国人,既不通中国语言,又不懂中国礼义。如果他今天还活着的话,到中国来,陛下不过接见一次,赏

法门寺传奇

赐些财物,派人送出国境就是了。更何况现在迎接的是已经死去多年的人的朽骨!这种腐恶污秽的枯骨,怎么能够接进皇宫呢?

如果佛真有灵,降下灾祸,我愿全部承担,毫不怨恨后悔。

漫说那表文写成后,韩愈又反复诵读推敲了几遍,觉得没有问题了才誊清。誊清后他又在室内踱步,踌躇不已,正在为表是否呈上犯愁。正好他最喜欢的小妾降桃进屋添炭泡茶,那降桃发现桌上的奏表,忙问道:"老爷,又要为何事奏本?"

待韩愈说明原委之后,降桃一惊,长叹一声,缓慢而又意味深长地说:"过去为了'宫市',老爷曾建议皇帝革弊兴利,一片忠心反遭降职,调至阳山县。今皇帝奉佛正心切,如再次遭受降职调离之祸,我们跟着受苦不说,老爷这50多岁的人能受得了吗?"韩愈看着降桃那凄惨的表情和乞求的眼神,走过去搂住她的双肩,凄楚而意味深长地说:"我怎不知道这表送上,可能触犯天颜,甚至会遭到家破人亡之灾。可是,作为一个忠臣又怎能考虑到个人得失呢?"他来回踱了几步,目光如两把利剑,一字一句道:"我已经下了决心,你不必再多说了。"说到此,他换了口气:"降桃啊,不想担点风险是难以成为一个忠臣的。我希望你能体谅我的心情,做好牺牲一切的思想准备。"

果然不出所料,韩愈那堂堂正正的《论佛骨表》一送上去,昏庸的宪宗皇帝,勃然大怒,他的一些左右官宦也伺机在一旁火上浇油。翌日早朝,唐宪宗将表章拿出让众大臣看,气呼呼地说:"各位看看韩愈之奏表,真是狂妄至极!"说着就要下令处韩愈死刑。

裴度、崔群等大臣上前奏曰:"韩愈出言不逊,罪有应得。可是倘若不是忠心耿耿,怎能这样直言不讳。请万岁宽大为怀,减轻他的罪,以便广开言路。"

唐宪宗听后,仍怒气未息,道:"韩愈言我奉佛过头,还可以容忍。至于说东汉信仰佛教之后,诸天子年皆夭促,这岂不是太放肆了么?韩愈作为人臣,如此狂妄,罪实难恕!"

皇帝如此盛怒,连宰相求情也不许。大家感到如果就为这件事杀了韩愈,对朝廷将大为不利。人情惜惋。于是,以至皇亲、国戚、大臣们都出来替韩愈求情,唐宪宗见众意难违,遂下令将韩愈贬为潮州(今广东潮安县)刺史,要他限期赴任。

再说韩愈接到命令,来不及辞别亲友,当天便收拾行装,带了家眷及几个佣人立即上路。他骑马走出长安南门,不禁回头

探望,长安已渐渐远去;又抬头看看秦岭,秦岭云雾茫茫。他回想自己大半生坎坷不平的道路以及自己一片忠心反遭贬斥的处境,内心顿生一阵酸楚,自叹道:"人生道路真是崎岖啊!"遂愤然地扬鞭催马,毅然地向着深不可测的云雾深处走去。然而,此情此景又怎能打断他那烦乱的思绪呢?他不由想起了上表前降桃的劝告,自问自答似的说:"难道果真如降桃所说的那样吗?不!我是为皇帝废除弊政而上表的,我是忠于大唐的。难道屈原被流放是他的罪过?历史将会作出结论!"韩愈就这样思绪重重地走了一天。但见天色将晚,本来很晴朗的天空,不知何时已布满了乌云,他骑的马不知是走累了,还是理解到主人的心情,慢悠悠地,踟蹰不前。正好前面出现了一个驿站,韩愈停马在松树下,对家人和随从道:"离蓝关(今陕西蓝田南90里)不远了,前面便是驿站,今晚上就歇在这里吧!"说着便驱马到驿站住了下来。

半夜时分,一阵冷风穿窗而入,将韩愈从梦中惊醒。此刻,他感到有点冷。连忙向上拉了拉被子,又侧耳听了听窗外,只听朔风呼啸,林涛怒吼;抬头望望窗外,只见雪光刺目,窗户已被大雪覆盖。韩愈心想,下大雪了,明日恐怕走不成了。

第二天早饭后,他打开书籍,准备取出《史记》朗读。忽听随从禀报:"韩公子赶到!"原来韩愈离开长安时,没有来得及和侄辈见面,侄儿韩湘,特意赶来送行。这意外的一见,韩愈非常高兴,即令随从马上打酒来。

韩愈酒至半酣,诗兴大发,触景生情,提起笔来将无限感慨,一挥写成了七律一首:

> 一封朝奏九重天，夕贬潮阳路八千。
>
> 本为圣明除弊政，敢将衰朽惜残年？
>
> 云横秦岭家何在，雪拥蓝关马不前。
>
> 知汝远来应有意，好收吾骨瘴江边。

写罢，叔侄俩不禁涕泣涟涟，挥泪而别。

却说韩愈越向前走离长安越远，心绪也越来越不平静。他艰难地向前走着，想着个人前途及家属的安全，感叹"罪重无归望"。当走到韶州临泷寺，他在墙上写道：

> 不觉离家已五千，
>
> 仍将衰病入客船。
>
> 潮阳未到吾能说，
>
> 海气昏昏水拍天。

他不知不觉已经离家五千里了，可流离失所的生活仍没有尽头；未到潮阳便听说那里瘴气昏蒙，海浪连天。他看着苍茫的云天，听着鹧鸪（zhègū）的叫声，不觉怅然泪下。他悔恨自己不该那样激烈地与世俗为敌，冒犯皇帝的威严。他抱怨自己，承认自己是罪有应得。

他认识到了，要想取得皇帝的谅解，达到生还的目的，必须彻底改变原来直言不讳的态度，恭顺地听候皇帝的摆布。只有这样才有可能得到恩赦，免除被放逐的命运。他想应该如何向皇帝上表承认错误呢？但他毕竟是有理想的人，最后还是没有妥协，到了潮州后，做了很多有利于老百姓的事情。

隆冬季节，经过了两个月的辗转行程，跋山涉水，历尽千辛万苦，到三月十五日，韩愈终于来到潮州上任了。

法门寺传奇

他到潮州后便立即召集下属官吏和地方名流,询问百姓疾苦。大家一致反映,潮州西面的水潭里有鳄鱼(一种凶恶的水中爬行动物),身长数丈,老百姓的牛、羊等家畜多被它吃掉,周围老百姓生活非常贫困。

听到此情况,韩愈甚为痛心,便即刻寻求为民除害的办法。那是四月的一天,早晨,天气晴朗,微风轻拂,阵阵海风过处带着无限温情,使人感到无比的舒适和惬意。韩愈带着十几名随员,来到水潭边,先令判官(掌管文书事务的官员)将火药包放到小船上,把一猪一羊缚住抬进船舱,然后点燃药捻儿,猛力把船推进水潭中心,只听轰隆一声巨响,掀起了一股水柱。为驱赶鳄鱼,韩愈还特意写了一篇文章。这时,只见他手捧文章高声朗读道:"我受天子命令,来这里治理百姓。而鳄鱼常常吃老百姓的家畜,同我作对。我虽然懦弱,也不能让鳄鱼这样嚣张!潮州这地方,南面临近大海,那里食物很多,鳄鱼早晨出发,晚上可到。现在宣布:三到七日之内,鳄鱼如不迁移,我便要选拔猛士,用强弓大弩将毒箭射入水中,来消灭鳄鱼了!"

说来也凑巧,果然夜间疾风震电,起自潭中,没几天,潭水干涸,鳄鱼也因而无影无踪了。此事被后人大加夸张,说得很是玄乎。传说那鳄鱼是被韩愈的文章赶跑的。

韩愈在潮州,每日忙着处理政务,清理积压案件,奖励生产。一切就绪之后,遂上疏《潮州刺史谢上表》给予宪宗。此表对自己被贬潮州,不仅未有丝毫怨言,反而一再感激皇帝的不杀之恩。

却说宪宗皇帝接到此表甚为感动。一日早朝,宪宗对众大臣说:"昨日接到潮州的谢上表,想起韩愈谏迎佛骨之事,那是对朕的一片忠心,朕怎不知!不过,作为人臣,不应说朕信佛要折寿呀!因此朕才加罪于他。"宪宗此番话,实是想起用韩愈,意在试探大臣们的意见。

朝臣皇甫镈(bó),平时对韩愈的直言极谏就很反感,因怕他再次回到皇帝身边,便抢先道:"韩愈一向狂妄自大,可以酌情调到近处的州做刺史。"于是,宪宗将韩愈调为袁州(今江西宜春县)刺史。

唐宪宗迎佛骨后,第二年(元和十五年)崩。子穆宗即位。重征韩愈入朝,委任为国子监祭酒(国家最高学府的长官)。后又转为兵部、吏部侍郎。此是后话。

唐宪宗当年迎奉的佛骨,即是法门寺塔下地宫中的佛指舍利。因文起八代之衰的大文豪韩愈谏迎佛骨被贬,从而形成了历史上褒贬不一的一桩重大历史公案!

正是:

欲为圣朝除弊事,反贬异乡为异客。

百炼钢为绕指柔,千秋功过任评说。

武宗废佛寺还僧尼　佛徒制影骨塞君命

却说历史进入唐中叶以来,赋役苛重,兵役频繁,富贵之人可出钱度牒免役,穷困之民只得投靠寺院以为"荫托户"或佃户。因而此间僧尼剧增,全国佛寺多至4万余所,僧尼达40万人。僧尼日众,对唐王朝的兵役、赋税带来了影响。

为了维护其统治,唐武宗即位之初,于会昌二年(公元842年),命天下僧尼解烧炼咒术,并没收僧尼田地以归官府,勒令还俗,充入两税徭役。不久,又下令毁佛教道场,坏佛像,焚佛经,继而又禁止供奉佛牙,令五台、终南及泗州普光寺、扶风法门寺等有佛骨处,亦不许敬奉供养。违者如送一钱,脊杖二十,如有僧尼受一钱者,脊杖二十。诸道州县供养者,捉获亦脊杖二十。因之此时的法门寺,四处绝人往来,无人送供。武宗还令勘查如有僧无公验者,当即打杀而后奏。

天子的这一举动,急坏了法门寺的主持长老。

是夜,月冷风寒,作完晚课的法门寺主持长老,独自徘徊在大雄宝殿前。他忧心如焚地反复回想着近两年来,皇帝不断毁佛诛僧的现实,仿佛看到了周武毁佛时,法门寺被焚的那一幕悲惨的场面。他更加预感到,法门寺不久将要大难临头。于是,主持长老立即召集众和尚前来大雄宝殿议事。众和尚听罢主持长老的这般忧虑，纷纷道："我等宁可粉身碎骨，也要保护好宝塔地宫中的佛宝和佛祖真身舍利。"然而，究竟如何保护呢？众和尚一时没了主意。主持长老焦急道："现在关键是如何保管好佛祖舍利，佛宝纵然十分珍贵，但万一失掉，以后尚可重造，可佛祖舍利失之却永难复得，万万不能被劫去啊！"有僧人道："我们干脆开宫携带宝物集体逃走吧。"可有人反驳说："集体逃走，谈何容易，浩浩之地皆为王土，州县都是皇帝的爪牙，各关口亦有重兵把守，而我们集体逃走目标甚大，如何逃得出去呢？"也有人建议："我们不如将佛宝和舍利想法转移。"人们也觉不妥，一来没有合适之地，二来弄不好就被官府觉察。主持长老见众人也无办法，思前想后亦没有良策，不禁面对苍天叹道："天啊！眼看着周武毁佛的悲剧即将重演，我等将如何是好呀？"于是，他便合掌对着佛祖金像祈祷道："愿佛祖显灵，以保我法门寺平平安安，阿弥陀佛！"众和尚见长老如此，一个个好不伤心。

此刻，只见一个眉清目秀、机智勇敢的小和尚若有所思地道："师父请勿犯愁，我们莫如遍寻天下能工巧匠，模仿佛祖舍利另外制作一个影骨，用制作的这枚影骨以塞君命，不知可否。"众和尚一听，齐称："妙！"那主持长老想了想，此法不尽妥当，但见一时尚无良策，这也不失为一个办法，遂嘱咐那小和尚道："明日赶早你就带上佛祖真身舍利动身，到江南去找天下能工巧匠制作舍利影骨，若能尽快找人制作，速回法门寺，若一下找不着能人，你就保管好佛祖舍利，等以后明君出现时，再放入法门寺宝塔下地宫。估计皇帝毁佛之日将在不远，到时皇帝派人来催要舍利，我等将集体自焚，一来可表我们对佛祖的忠诚之意，二来可以彻底杜绝皇家催要舍利。"众和尚听了，都觉得主意不错，表示愿意以死殉难。

法门寺传奇

翌晨,东方熹微,小和尚便早早起来,打点行装,带上佛祖真身舍利上路。这小和尚,自幼父母双亡,一日讨饭来到法门寺,饿昏过去,被寺中主持长老发现后,抱进寺里,救醒过来。后又教他诵经念佛,当了小和尚。那小和尚从小聪明过人,样样能干。此时他年方二九,生得仪表堂堂,血气方刚,很是惹人喜爱。只说这小和尚告别长老和众师兄,暗渡秦岭古道取小道日夜兼行。且不说备受风餐露宿之苦,在那荒山野岭中穿行,时有虎啸狼嗥,好生怕人。但他深知责任重大,也自顾不及,只一个劲儿地赶路。

那小和尚跋山涉水,千里迢迢来到江南水乡,便走乡串镇,暗寻天下能工巧匠。一日黄昏,那小僧来到一小镇前,正要进城寻找住处,忽见一妙龄少女迎面走出城来,拦住他说道:"你好大胆,当朝皇上有旨令天下僧尼还俗,有违令者诛杀,城里贴着告示缉拿僧人,你怎敢青衣入城,快跟我走。"小僧听罢,当即吓得六神无主,冷汗湿背,随跟着那女子一直走到一小河边的茅舍里,那女子便道:"如今皇上下令追拿僧尼甚紧,你得换了僧衣才好。"说着取来一身便衣给予小僧,便去做饭。俄顷,小僧换过衣服,那女子也做好了饭菜。虽极粗淡,倒很丰盛。小僧饿极,遂大口嚼了起来。

待小僧吃完饭,那女子道:"我家祖辈居住在这里,前些日子不幸父母双亡,只剩下奴家一人好不孤单,今圣上下令让众僧还俗,且近日追杀很凶。你若不嫌弃奴家,就请住在我家,我给你做媳妇儿,咱们可置田买地,快快活活过日子,也免得被官府追着找麻烦,不知如何?"小僧听罢羞得一阵脸红,轻轻地摇了摇头。那女子见得急道:"莫非奴家配不上你?"小僧见这女子如此倾心于自己,也就不再隐瞒于她,便讷讷道:"我乃法门寺和尚,因怕皇帝再次毁佛,奉长老和众师兄的重托,来江南找能工巧匠赶制佛指'影骨',以塞君命。法门寺80多位师兄的性命全系于此,我怎能只顾自己而不顾众师兄的死活呢?"那女子见小僧如此诚心,也就不再多言,只求他住上一宿,明日好去赶路。那小僧执意不肯,遂谢了恩主便连夜匆匆上路。

却说小和尚离开那女子,又到处寻找制作舍利影骨之人,他不知翻了多少山,过了多少水,历尽艰辛,大约过了半年,终无结果。工匠们或技艺不佳,不敢接作,或迫于官方压力不敢制作。

有一日,小和尚走了整整一天,也未碰见村舍。傍晚时分,来到了一条江边。只见那江面宽阔,波涛滚滚,渡口空无一人。等了好半天,也不见渡船。小和尚心里正焦急,忽然间,远远地见江面上升起一条破篷帆,小和尚喜出望外,连忙大喊道:"船家师傅,请渡我过江去吧!"那船家将船慢慢地撑到岸边,瞥过一个飞眼道:"请上船。"那小和尚上船坐稳后,细看那船家,头戴一顶硕大的破斗篷,半遮脸面,衣衫褴褛,只是脸半遮着看不

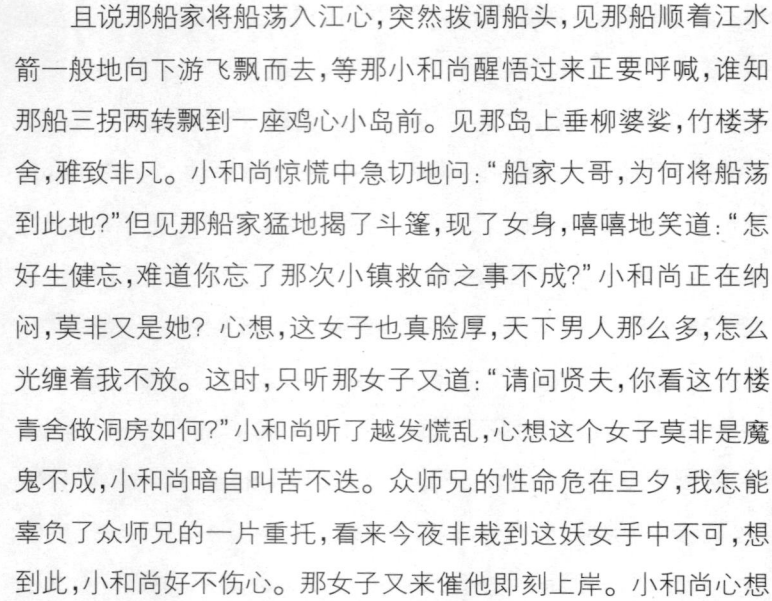

法门寺传奇

清容颜。为少惹麻烦，他也不再言语，将头迈向一边，只看那一片江水涌动着波光。

且说那船家将船荡入江心，突然拨调船头，见那船顺着江水箭一般地向下游飞飘而去，等那小和尚醒悟过来正要呼喊，谁知那船三拐两转飘到一座鸡心小岛前。见那岛上垂柳婆娑，竹楼茅舍，雅致非凡。小和尚惊慌中急切地问："船家大哥，为何将船荡到此地？"但见那船家猛地揭了斗篷，现了女身，嘻嘻地笑道："怎好生健忘，难道你忘了那次小镇救命之事不成？"小和尚正在纳闷，莫非又是她？心想，这女子也真脸厚，天下男人那么多，怎么光缠着我不放。这时，只听那女子又道："请问贤夫，你看这竹楼青舍做洞房如何？"小和尚听了越发慌乱，心想这个女子莫非是魔鬼不成，小和尚暗自叫苦不迭。众师兄的性命危在旦夕，我怎能辜负了众师兄的一片重托，看来今夜非栽到这妖女手中不可，想到此，小和尚好不伤心。那女子又来催他即刻上岸。小和尚心想与其今夜栽在这妖女手里，还不如潜水而逃，或许会逃条生路，于是，他一纵身跳入江中。那小和尚本是个旱鸭子，潜水不久便不省人事。

待等小和尚从蒙眬中慢慢睁开眼睛，却发现自己睡在一座漂亮别致的竹楼中。他满以为自己已经到了另一个世界了，当他下意识地用手摸了摸大腿时，才觉着原来自己还是个人身肉体。他顺着开着的窗户望去，只见窗外月光如水，轻风拂拂，柳枝摇曳，百虫争鸣，隐隐约约传来一阵阵击石之声。他悄悄地爬下竹楼，寻声走去，来到一座茅舍之前。但见里面坐着一位童颜鹤发的老人，正在手抡铁锤铁钎击石，小和尚好生奇怪！只见那老人又从身边取来一把宝刀，三下两下，不大工夫便将手中石块刻制成一灵光闪闪的东西。小和尚仔细一瞧，这东西和自己随身带来的佛骨舍利一模一样。小和尚大喜,闯将进去,面对那老人纳头便拜,并连连道:"尊师恩大如山,这下可救得了我法门寺80位师兄!"那老人朗笑道:"这下你可放心回法门寺去了。"说话间,那老人又三下两下很快地赶制了三枚。然后,对小和尚道:"这四枚影骨你带回去后,可将佛祖真身舍利重藏于法门寺塔下秘宫极秘密处,再将影骨藏于宫内显眼之处。后世若再出现废佛劫毁舍利之事,人们便可以以影骨充之,以塞君命。"小和尚被面前出现的这些奇遇弄糊涂了。只听那老人又道:"你是一位真心事佛的好和尚,她曾几次试探你,你为求制影骨,不被尘心所动,不怕千难万险,此等坚诚之心,可比金石,实在可敬。"小和尚忙问那女子何许人也,今在何处?老人笑道:"她乃天国之女,现已回宫去了。"原来这老人本是天宫的工艺师,因向人类泄露天机,教人间掌握各种工艺技巧,而被玉帝降下凡来,就住在此小岛上,那女子偷偷下凡来看尊师,巧遇小和尚如此诚心,便带他来,求师傅给制作了影骨。小和尚听罢好不后悔,但觉事不宜迟,遂即日夜行赶回了法门寺。

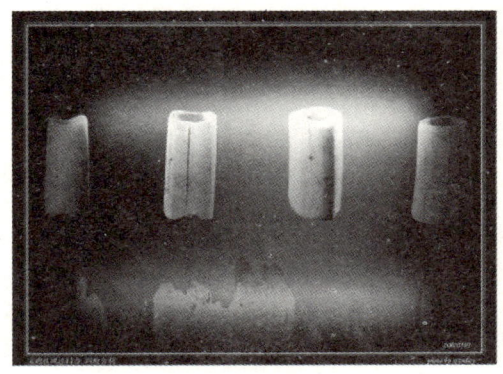

这小和尚到法门寺后,将四枚影骨献给长老,并叙路遇之事,众僧莫不称奇,皆谓佛祖显灵。于是,他们便依照那位老人

的嘱咐,在地宫后室北边石壁上凿了一个"秘宫",将佛祖真身舍利置于其中后密封。又将一枚影骨放入武则天当年所送的金棺银椁之中,后置于地宫前室最显眼处。

　　转眼间到了会昌五年(公元845年),这时,唐武宗废佛逐渐达到了高潮。到这年八月,共拆寺4600余所,还俗僧尼26.5万人,收充两税户;拆招提篮若4万余所,收膏腴上田数千万顷,收奴婢为两税户15万人。法门寺地宫珍藏于前室的佛指舍利及武则天所送金棺银椁均被毁。

　　据说后来法门寺出土的四枚佛骨中,一枚灵骨,三枚影骨。这三枚影骨都是那老人制作的。

　　正是:

　　会昌废佛荡巨澜,圣僧护骨情何艰。

　　浊泥不污明珠性,移花接木惑龙颜。

观佛像哑女开金口　开情窦公主爱和尚

却说唐武宗毁佛之后,人们大都以为法门寺瘗藏的佛指舍利被毁,因而上自皇帝下至庶民再也无人问讯。时及唐懿宗咸通十二年(公元871年),九龙山禅师益贡章在法门寺"结坛于塔下",忽而在那塔下地宫暗处复得佛指舍利。那唐懿宗素来笃信佛教,为求佛光普照皇身、皇室、皇族、帝业,遂于是年,不惜靡费重金重修了法门寺地宫。为显皇家之富足,懿宗又下诏征集天下能工巧匠,制作盛放佛骨舍利的八重宝函及敬佛之器皿物件。

且说法门寺内,有一个小和尚叫思空,上祖世代为工匠,武宗毁佛之前,其父曾在长安开有作坊,从事铸造雕刻金银器皿业。武宗毁佛时,因其父多为佛门铸造大钟,雕刻字画,株连被杀。那年小思空尚是一褓褓婴儿,其父素与法门寺主持静远法师交好,临死前将思空托法师抚养。小思空天资聪明、好学,且有巧匠之灵性。静远法师一心想让他承其父志,从小精心教他佛典,传他武艺,严令他按生父遗愿,苦心钻研雕刻手艺。十八年弹指而过。如今思空已长成一个聪颖俊美的少年和尚,在静远法师支持下,长安冶炼作坊为法门寺铸造大钟时,他特意赶去

47

刻了一幅栩栩如生的释迦牟尼说法图。那佛祖形象之生动传神，使长安诸工匠无不倾倒叫绝。从此思空便名扬京城。

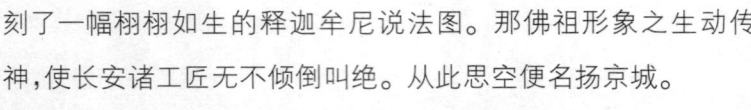

只言那思空被应诏入宫，遂专心致志在唐懿宗闲置多年的养心殿赶制八重宝函。忽一日，有一哑女突然推门而入，当她看见案头有只小巧玲珑的木制器物，上面雕刻着一位仪容飘然，神态和蔼的男人，那面孔看上去是那样慈祥、亲切，目光是那样的温馨、和善时，她惊奇地跑到桌前，双手捧起木制雕刻物，着魔似的"啊，啊……"连叫起来。

"请快放下。"正在殿角一心雕刻的思空听到喊叫走了过来。那哑女循声望去，见一从未见过的少年男子迎面走来。只见他浓眉如墨，凝聪颖智慧；眼若星辰，含青春活力；神色英武，阳刚中透着阴柔。小哑女目不转睛地盯着思空，捧着木制雕刻物的纤纤细手轻轻颤抖着。那思空见来人拿起将盛佛骨的宝函，惊恐万分，便不顾一切地扑将上去，紧紧抓住了宝函。无意中，当他的手触到她那一双柔软光滑得犹如绸缎般的玉手时，他仿佛觉得一股暖流顺着那手儿直传遍他的全身。顿时，他的心中好似无数只小兔在蹦蹦跳跳。他情不自禁地抬头一瞧，不禁暗自叹道："啊！哪儿来的这等漂亮的女孩儿！"但见她鹅蛋脸犹如三月桃花粉面泛着春潮，淡淡的蛾眉宛如初春的翠柳轻拂着春山。那双晶亮的眸子好似山间清泉闪烁迷人，那小巧的朱唇像是缀了一棵樱桃。她那亭亭玉立的样儿真像一朵出水的白莲……思空见得，顿觉血往上涌，神情飞驰，连忙放下宝函，双手合十，面向西方暗暗叫道："阿弥陀佛！"方才慢慢地静下神来。

"好啊，真好啊！"不知得幸于佛力，还是出于一时的惊喜，那哑女喊出声来。思空闻声惊慌得目瞪口呆，连连倒退。

花开两朵,各表一枝。再说这哑女乃唐懿宗的千金,为懿宗爱妃郭淑妃所生,被封为同昌公主。这同昌公主自生下来就是个美人胎,有着天仙般的模样儿,独得懿宗钟爱。龙心大悦,倍施天恩,天子也因此而常喜欢驾幸于郭淑妃之元辉宫。

谁料乐极生悲。这同昌公主生下来两岁还不会说话,是一个哑女,从此,懿宗亦很少驾幸元辉宫了。同昌公主虽是哑女,但天资聪慧伶俐,更懂得体谅母亲,在寂冷的宫院,给郭淑妃寂寞空虚的生活增添了几分活力。

元辉宫南面隔着道花墙,便是景色秀丽迷人的御苑荷池,每到秋日,荷池内宫女驾舟采莲,戏闹声响成一片,不时传入元辉宫。同昌公主几次想过去玩耍,都被母亲拦阻。因懿宗传旨令,不准同昌公主越过元辉宫之南墙到荷池那边去玩耍。

那是一个秋日的午后,百花吐艳,蜂飞蝶舞,同昌公主站在宫门口看着一群群蝴蝶欢快而自由地飞来飞去,好生羡慕,便兴冲冲地扑蝶戏耍,那蝴蝶仿佛故意引逗似的将同昌公主引到花墙边,倏地从那南墙上飞了过去,公主即刻跟着追出了墙外。

墙外十余步即是荷池,池边有一石桥直通荷叶殿。同昌公主一到池边,见得那满池荷花欣喜若狂,奔跑着直进了荷叶殿。那荷叶殿侧面有石阶和水面相连,石阶边有一叶小舟,小公主感到稀奇便跳了上去,胡乱划将起来。小船在水中左右摇摆着,慢慢地漂向湖南,靠上了南岸的春风亭。同昌公主从船头爬上亭基,越过春风亭穿过回廊走向一座飞檐斗拱的宫殿——这就是唐懿宗的养心殿。感到新奇的同昌公主便冒冒失失地推门进去,于是便有了上面的情景。

只说随从宫女月琴见公主跑进荷花池,便连忙回元辉宫禀

告郭淑妃。待到匆匆赶到的郭淑妃和月琴推门进来，忽听公主连声喊着："真好啊，真好！"郭淑妃惊喜万分。见女儿终于开了金口，郭淑妃一下子扑过去，紧紧地搂住女儿哇的一声大哭起来："真是佛祖开了大恩啊！皇儿，你开口说话了！"她顾不上擦拭热泪，拉着女儿就往外跑。同昌公主的声音在殿内萦回着，思空怅然若失地捧着宝函，不知所措。足足过了半个时辰，他方才醒悟过来，遂跪倒在佛祖说法图面前连连磕头。

时过三日，同昌公主又再三恳求月琴带她到荷池去玩，月琴得郭淑妃许可，便打开花墙侧门，两人来到荷池畔的小石桥上。今日的同昌公主同几天前初来荷池时判若两人，此时，她显得心事重重，神情凝重。月琴有意逗趣，她也不起劲，便只好随她漫游。至春风亭，同昌公主坐在亭中的石墩上，心不在焉地看着前方，像在凝神谛听，一阵悦耳的木鱼声从养心殿隐隐传出，同昌公主机敏地牵住月琴衣袖问道："这是何声音？"月琴忙答："那是养心殿那小和尚在敲击木鱼。"听到小和尚，同昌公主随之精神抖擞，拉着月琴直奔养心殿。

只见养心殿内，绣帐高挂，一张铺着杏黄缎面的案桌上烛台火光高照，几缕香烟袅袅升起，桌上供奉着装饰一新的檀香木宝函。此刻，思空和尚正一心一意地对着宝函上的佛祖图像诵经敬佛。忽而一股风卷将进来，惊得案上烛火跃动明灭，香烟晃动。等思空回过头来，月琴抢前一步，用身子遮住同昌公主道："小师父，我家公主要学经拜佛，抬举你给指点指点。"

思空扭头一看，正与月琴身后闪出的那双含情脉脉的眸子相对。他不禁一怔，这不正是那日捧着宝函狂呼乱喊的女孩吗？思空连忙放下木鱼，施礼道："小僧拜见公主。"同昌公主并不立即回答,那双闪亮的眸子一动不动地直勾勾望着思空,接着荡过一抹秋波,然后"吭哧"地笑了。但见那秋波闪过,弄得小和尚站立不宁,不由自主地低下头去。

不知是那慈祥温和的佛祖图像点燃了同昌公主心头的爱的火种,还是因思空和尚精湛的技艺引起了她的钦慕和青睐,此刻,同昌公主望着思空那窘样儿和他那低垂着且泛着烛光的光头,她白皙的脸上飞起一片红霞。她那因情窦初开、芳心春动而放射出来的绵绵情意,从她含情流波的眼,略微噘起的唇,心不在焉的神情中流露出来。

月琴窥探出了同昌公主心底的奥妙,便提醒说:"公主,你要听什么经,快给小师傅讲啊!"同昌公主微微一笑,便认真地对月琴说:"好,好,你先去亭口长廊,不要让他人进来扰乱我听经拜佛。"

月琴会意,白了公主一眼,两人相对一笑,便退出殿去。

人非草木,孰能无情。那思空自从上次与同昌公主相遇,公主俊俏的面容,优雅的气质,苗条的体态,常常勾得他神思恍惚,诵经时也心不在焉。每逢夜深人静,他独居僧床,便辗转反侧难以入眠,只觉浑身燥热,心如火燎。他自幼随静远法师念经拜佛,法师常讲,人世苦海无边,佛国自有乐园,莫道形只影单,莫嫌青灯黄卷,只有对佛的虔诚信念,方能断绝那千丝万缕的尘缘……每当此时,他总要在心里默默地向佛祖求告。此刻,同昌公主的出现,又荡起了他那刚刚平静下来的依恋之心。他当下双手合十,仰望着佛祖图像战栗着上几炷香,自言自语低声念道:"佛祖在上,弟子思空入佛门十年虔诚祈求正果,但毕竟属凡胎俗子,易为世俗污染,请佛祖运用法力将弟子严厉斥责。阿弥陀佛!"

同昌公主见思空和尚突然陷入如此不安,遂也如痴如呆地说:"小师傅有何烦恼?"

思空目不斜视,低声道:"不敢道破。"

"莫非寺院缺少下锅之米,僧众无御寒之衣?"

"大唐天下,佛门生辉,八方施舍,哪有缺衣少米之理!"

"那莫非是父皇请你雕刻八宝重函,师傅缺少才气?"

"小僧不敢说才气,不过刀笔在手,未有过徘徊。"

"那一定是佛门空寂,思凡之情,慕世俗之习吧!"

思空被公主的追问,弄得窘迫不堪,慌忙掩饰道:"儿女之情,世俗之习,本佛门大忌,小僧在此正为解脱不出而烦恼……"他说不下去了,下意识地敲起木鱼。

同昌公主听罢暗自欢喜。她凝视着思空,只见他虽装模作样一个劲地敲着木鱼,但他的心里必定奔涌着人间情感。

同昌公主遂壮着胆子靠近思空,用她那甜甜的、温柔而多情的声音道:"你眉目清秀容颜奇,你心纯身洁无俗习,你才华出众好刀笔,你……"

那声音仿佛天上降下的甘霖,注入了久旱无雨的田原,思空静静地听着,顿觉心里像用鹅毛撩拨过似的无比兴奋和舒畅。此刻,他那颗远离世俗的心,似有从心底跳出的快感。面对同昌公主那秋波流盼的眼神,他心痴神迷了。

他又惶恐地看了一眼佛祖图像,咬紧牙关转身说,"公主,你……你还是回宫去吧!"

"不!"同昌公主被他那一时复杂而变幻莫测的表情,弄得莫名其妙。一种不被人理解而受冷落的委屈,使她好不伤心。

一时黛眉挑起,泪水夺眶而出。她执拗地扭身迈步,迎着思空说:"我自小是一名哑女,受尽了父皇和众姨娘的白眼,也早绝了那非非念头。那天看见了你刚刻的佛祖图像,我才会开口说话。打那日起,我便暗自发誓,情愿……"话到口边,同昌公主两颊顿时绯红。片刻,抬眼看见佛祖那慈祥的面容,使她鼓足勇气道:"只要同你在一起,即使改名换姓,割断皇亲,随你到法门寺诵经拜佛,与你流落天涯海角,我也心甘情愿……"她哽咽着说不下去了。

同昌公主那充满深情的话语,就是铁石心肠之人听了也无不动心。思空心里像燃起了一把火,便道:"公主如此情深,小僧杀身也不能相报,只是要等我回法门寺禀告静远法师,望公主……也能将此……此事禀告母亲……"

同昌公主欲再言,月琴忽然闯了进来,说道:"公主,贵妃娘娘已到春风亭,就要进殿来了。"同昌公主和思空一听,当即一起跪倒在佛祖像前佯装着诵起经来。

却说懿宗听说同昌公主铁树开花,即驾临元辉宫,与郭淑妃一阵宴饮之后,懿宗甚悦,便提起为公主招驸马事,当皇帝问淑妃愿为公主招个什么样的人才称心时,郭淑妃突然想起了风度潇洒、文武双全的右拾遗韦保衡。据说郭淑妃后期多被懿宗冷落,常独居深宫,好不寂寞,曾与韦保衡有过暧昧之情。此亦可能是捕风捉影,笔者不想妄言,韦保衡素为郭淑妃所赏识,则确信无疑。因而经郭淑妃提议,懿宗决定将同昌公主嫁与韦保衡。

且说那郭淑妃从养心殿领着女儿回宫。同昌公主心里兴奋,斜躺在床上休息。郭淑妃思量片刻,见公主高兴便走过去坐在床头拉着女儿的手怜爱地说:"皇儿,你已到了成婚的年龄,我与你父皇商议,想把你……"

"把我咋?"同昌公主未等母亲说完便抢着问。

郭淑妃在女儿额头上轻轻一戳,笑道:"看把你急的。"

同昌公主猛地从床上坐起来,两手拉住母亲的双臂,小嘴一撇,撒着娇,娇滴滴地说:"母后,您快说呀,急死我啦!"

"儿呀,你本为哑女,多得佛力护佑,才开口说话。你可知道那监制盛放佛骨宝函的是谁吗?"

"是谁?"

同昌公主一时心急,话未听准,她还以为母后所说之人,就是制作宝函的思空。于是猛地扑上去抱住母亲,把脸紧紧地贴着母亲的胸脯,只觉一阵脸辣心跳,呼吸急促起来……

郭淑妃趁势亲切地说:"是右拾遗韦保衡,他才貌出众,精通佛学,你父亲决意将你赐嫁于他。"

"啊!"宛如晴空掠过一声霹雳,同昌公主一下子被震得目瞪口呆。她推开母亲,便坐回床上,掩面大哭起来。

郭淑妃一下子被弄得如丈二和尚摸不着头脑,一边用手绢给女儿擦泪,一面温柔地说:"儿呀,你终归要嫁人哪!"

同昌公主抬起泪眼,愤愤地说:"不,女儿不嫁人!不嫁……"她用手狠命地捶打着床,呜,呜地一头栽倒在床上,用被子捂住头大哭起来。郭淑妃见女儿那娇小的身躯在痛哭中忽上忽下地抖动着,一时好不伤心。

再说这思空和尚,自那日与同昌公主在养心殿私定相好,当日便匆匆赶回法门寺回报静远法师。是夜,法门寺大雄宝殿内,香烛齐明,静远法师正在打坐诵经,忽听在那昏暗的灯影下有人低叫一声:"师父。"待静远法师凝神看时,发现是思空。静远法师领思空进入自己的斋室后,便急切地问道:"星夜赶回,有何急事?"

那思空未等答话,先"扑通"一声跪在了师父面前。如此这般地叙说了同昌公主与他在养心殿之事。

"嗯。"静远法师不再看那思空。

见师父那威严的目光,思空和尚吓得不敢正视,窃窃道:"她哭成个泪人儿,我的心……"

此刻,静远法师的心中如巨浪翻腾,难以抑制。往事如烟,老人仿佛感到,自己20年前的一幕悲剧又重新出现在眼前。那时,静远还是个风华正茂的青年,当时他身为宣州都将,郭淑妃是安南都护郭鄠之女。静远幼年曾习武于郭家府第,与郭淑妃青梅竹马,早有爱慕之情,正当他们婚配之时,突然懿宗选中郭淑妃入宫。那是一个腥风血雨之夜,他冒死越墙进入郭家,郭淑妃哭着要他带自己逃走。他没有答应。谁料自此有情人天各一方,留两厢相思泪。后来,他毅然辞军进入佛门。至今,他常常为那事后悔不堪。今天,徒儿思空与同昌公主真心相爱,自己能看着那场20年前的悲剧重演吗?于是,他心想与其让他们饱尝离别相思之苦,莫如让他们在佛祖面前倾诉衷肠而一刀两断!

那思空见师父只一个劲儿战栗着不说话,慌忙拉住静远法师的僧衣,流泪道:"师父息怒,纵是情海欲天,弟子也能忘记一切……"

"住口!"静远法师大声吼道:"佛门戒色戒淫不戒情,人无情义,何为人也!你和同昌公主之事说来可笑可悲,然又可怜可谅,如何了结,还是由佛祖善处吧!"思空听了师父的话,感动得泪如泉涌,他更加敬佩师父对佛门的虔诚及对佛道的领悟之深。

法门寺传奇

只说思空拜谢师父,翌日赶赴京城。正在思虑师父所说的"佛祖善处"之事,忽听同昌公主急忙跑来道,父皇要将她许配给右拾遗韦保衡。思空顿时如处五里云雾之中。那同昌公主一向生性执拗,听了思空说静远法师让请佛祖指点迷津,立即在养心殿找来两个小木匣,匣上用红锦罗帕盖得严严实实,放在香案上,说:"这两个木匣盛着决定我去留的实物,等我们焚香求佛祖显灵,随后由你指定那个木匣,拿出实物,佛祖让留,我且留;佛祖让走,我且走。"

思空暗想这女子倒是挺有心计。他即点燃三炷香,对着佛祖说法图像求告道:"我佛在上,今弟子误入迷途,求佛祖显灵,指弟子出路,今世祸福缘分,一切仰承佛命。阿弥陀佛!"

两人双双跪下,同昌公主虽嘴硬此时好不提心吊胆,思空也不住地颤抖着。此刻,养心殿死一般寂静,两个人的心急速地跳动着。

等三炷香焚毕,思空一横心,忽地站起来抬手欲揭那红锦罗帕。同昌公主心里矛盾地一把抓住他的手想说什么,欲言又止。那思空上前一步,揭开左边木匣上的红锦罗帕,只见露出一条淡绿色的玉枕。

"玉枕,玉枕,你我有缘同床共枕!"同昌公主惊喜得喊了起来。思空此刻觉得心里从未有过的舒适,喃喃自语道:"啊!这是佛祖的示意啊!"

真是无巧不成书。此事偏偏被前来监制宝函的右拾遗韦保衡发现。恼羞成怒的韦保衡,一向是个小人,他立即差人将此事禀报了懿宗。龙颜大怒,即命召郭淑妃来见。郭淑妃在宫女陪伴下到御殿后宫去见懿宗。懿宗大发雷霆,说了同昌公主与思空之事,要郭淑妃赶快查问女儿。

只说郭淑妃回到元辉宫,痛哭流涕地抓住女儿手道:"儿呀!你可在养心殿与那和尚相好?"同昌公主见母亲已知,便毫不犹豫地将事情全道了出来。

郭淑妃惊恐万分地推开女儿,说道:"果然如此,那和尚在哪儿?"

"就在养心殿制作宝函。"

郭淑妃大叫一声:"这个小僧可闯下大祸了!"遂命月琴去养心殿给思空报信,让其逃走。自己便带着女儿去见懿宗。待见了懿宗,天子问明实情,即命宫外武士缉拿思空,同昌公主一听急了,趋前疾呼:"父皇,儿求与思空同死。"懿宗喝令:"将同昌公主打入禁宫。"郭淑妃上前连连求道:"同昌儿年幼无知,冒犯圣上,请交妾回宫训导,她会领君命,顺父意的。"懿宗见女儿悲愤欲死,心一软遂让郭淑妃带同昌公主回元辉宫。

却说此事一出,懿宗觉得大失皇家体面,一面加晋韦保衡为翰林学士,一面秘密缉捕思空和尚,并要同昌公主三日之内与韦保衡完婚。

那同昌公主钟爱思空,见父皇缉拿甚紧,知道若自己答应完婚,搜查便会放松,就勉强答应完婚。懿宗听说公主领旨,也就不再捕抓罪僧,懿宗特为公主赐宅一所。公主临嫁时,尽出宫中玩物作为奁资,俱用杂宝装饰,一切非金银即玉,所行婚仪,极尽奢华。

却说韦保衡得此贵妇,奉若天神,不敢少忤。洞房花烛之夜韦保衡殷勤备至,那同昌公主却冷若冰霜,道:"你奉命监制盛佛骨八重宝函是诚心信佛罗?"韦保衡道:"我自幼诵读佛经,以

崇佛为本。"同昌公主蔑视道:"昨夜我得佛梦示,教我新婚之后,吃斋念佛七七四十九天,以消前世之罪孽。不然自身难保,也会祸及翰林学士。"韦保衡听得猛一惊,急切地问:"公主,此话当真!"同昌公主冰冷地说道:"千真万确,我虽非佛门弟子,但敬佛之心却胜于那些虚伪之人。"

那韦保衡知道皇帝女儿的身价,也不敢妄为,只得叫苦连天,49天不得进身。那同昌公主新婚之夜就把自己一个人关入洞房,每日不进茶饭,不到49天就气断身亡。

懿宗听说公主新婚猝死,悲愤交加,遂命在安国寺前殿设立公主灵位。懿宗亲自写了一首挽联,令宰相以下百官都往灵堂吊祭。此间只见安国寺院内,哀乐凄凄,经声嘤嘤,纸灰飘舞,好生凄怆。

是夜,待等夜阑人静,念经的僧人都已回净房歇息,忽见一身穿袈裟的小僧,走到亡灵之前,向着同昌公主遗像拜了又拜之后,旋即而去。这人便是思空和尚。

俄顷,只见寺院后殿前黑烟滚滚,火光齐明。一个身着袈裟的少僧在烈火中镇定从容地自焚了。

正是:

人非草木孰无情,切莫枉杀一片心。

情到真处浑忘己,释凡悬隔怨何深!

懿宗洒涕迎拜佛骨　　信徒断臂血染长安

话说唐代自宪宗元和十四年(公元819年)至法门寺迎奉佛骨后,历经穆宗、敬宗、文宗、武宗、宣宗,相隔54年,到了咸通十四年(公元873年),又举行了一次规模盛大的迎佛骨活动。

唐懿宗时,已属末叶。政治腐败,战事混乱,各地农民起义风起云涌,国内矛盾十分尖锐。在唐王朝即将灭亡的前夕,唐懿宗举行的这次声势浩大的迎佛骨活动,目的是给自己延寿,实质上还是为了延长李唐王朝的封建统治。因而好大喜功的唐懿宗,不惜花费巨财,把这次唐代史上乃至中国古代史上的最后一次迎请佛骨活动推向狂热的高潮。

咸通十四年三月二十二日,经充分准备后,唐懿宗派遣供奉官李奉建、高品和左右街僧众到法门寺迎奉。当时臣下多劝阻,有人曾提出宪宗迎佛指舍利不久晏驾之事。但懿宗态度坚决,并说:"朕生得见之,死亦无恨!"遂命广造浮图、宝账、香舆、幡花、幢盖以迎之。

是日,皇宫奉迎佛骨的队伍浩浩荡荡地来到了法门寺前。但见那仪仗队伍犹如一条彩色巨龙,在缓缓地向前伸延游动着。仪仗队前边30面杏黄大旗,正中皆绣一大黑"佛"字,迎风招

展。紧接着是30面雪青色大旗,正中绣一金色大"光"字,金光闪闪。后面又是30面紫色大旗,正中绣一绿色"普"字,绚丽多彩。再后是30面草绿色大旗,正中绣一蓝色"照"字,醒目耀眼。"佛光普照"四个大字,在那五彩缤纷的旗海中随风翻舞,气派宏大。跟随在旗队后的是乐队,乐队最前头是一巨型大鼓,跟着是一队队钹锣,一列列长号唢呐,一排排笙箫箜篌……演奏起来,曲乐雄浑,鼓声震天。乐队后是一制作精巧的浮图,形如法门寺真身宝塔样,通体用玉雕成,饰金翠其上,镶宝珠其间。在阳光辉映下,流光溢彩,光芒四射。那浮图后跟着的是车轿,装饰有彩绸花束,放供奉之礼品。

待等佛骨迎往京城,只见从法门寺至京城长安300里间,遍搭彩棚,道路车马,昼夜相属,饮馔盈溢路衢。彩门高悬,旌旗猎猎,沿途州县官员及百姓莫不夹道送行。载着手捧佛骨高僧的车轿上,新制作的宝帐、香舆、幡花、幢盖,皆用金玉、锦绣、珠翠装饰一新。佛骨到处,百官乡民皆磕头烧香,朗朗诵经之声倾震田野。道旁香火成行,香烟袅袅,遮天蔽日。远看那长龙般的迎送队伍,彩旗映日,金玉珠宝竞相闪烁,那幡花宝盖之队伍,罗列20余里;再等走进细瞧,那造型精美的宝刹,高约一丈,大者二丈。以金银作宝帐香舆,以孔雀氄毛而饰。刻香檀为飞帘花槛瓦木阶砌等,上面又编织金带银带覆盖着,每一刹约有数百名民夫抬着。那宝帐香舆不可胜数,工艺精巧,光辉灿烂,与日争丽。宝帐香舆上全缀有珊瑚、玛瑙、珍珠制作的幡幢,所用珍宝,不啻百斛。用剪彩绸制作的幡和伞,约有万队。

四月八日,佛骨迎入长安。自开远门达安福门,彩棚夹道,念佛之声震天动地。朝廷派来浩浩荡荡的御林军兵仗引导,官方及民间的各种乐器谐乐齐奏,锣鼓喧天。夹道沸天震地,士女瞻礼,僧徒道从,香烟弥漫,灯烛遍地。那隆重的场面一直绵延了数十里,其仪仗队、御林军队伍之盛,一直通到郊外,其规模之大,排设之豪华和它盛况空前的景象较于元和年间那次迎佛骨的隆重场面,不知要宏大多少。沿路顺街都有懿宗诏令搭的浮图塔和彩棚楼。长安富户及王公贵族,也纷纷在自家门前搭起彩楼,夹道迎接,他们互相攀比,竞相侈靡,遮天盖地,谓之"无遮会"。佛骨舍利被装在玻璃宝匣中,由中使太监和保国高僧左右奉伺着,用车马载着通过闹市区。每到一处,只见都城士庶奔走云集,附近乡民亦纷纷扶老携幼赶到京城以饱眼福。此时俯视那长安大街,只见五步一楼,十步一阁,高大的彩楼、阁棚,从开远门至安福门,连成一片,金翠闪烁,彩带飘飞,幡幢翻舞,念佛声惊天动地。成千上万的和尚正一字排开结伴叩行。再见街边流金飞彩,那是彩棚滚动翻飘;街心一色的袈裟,中间一溜溜闪光的圆点,那是众和尚叩拜时闪动着的光头。

八 懿宗洒涕迎拜佛骨　信徒断臂血染长安

法门寺传奇

　　待佛骨迎至安福寺,懿宗在安福门,目睹了这一前所未有过的宏大场面后,降楼膜拜,不禁失声痛哭,流涕沾襟。皇帝的驾迎顿时把原本很热闹的奉迎场面推向了高潮。此刻庶民间有嬉笑欢腾者,亦有悲怆涕泣者。其间以歌舞管弦,夹杂着禁军兵仗,僧徒梵诵声,沸聒天地。皇帝诏两街供奉僧,赐金帛予所有迎奉之人,京城耆老元和迎真身者,全部赐给金碗锦彩。长安豪富大家见圣上如此,亦不惜资财,竞相施与车马,倾间,车马并肩满路。四方扶老携幼来观看的人们,莫不疏素,以待恩福。不时有军卒砍断自己的左臂走到佛指舍利前,用手执着,一步一礼,只见血流洒地,长安大街霎时如血洗。至于那些肘行膝步,咬断指头,截断头发者,则不可胜数。不时又有僧人把艾盖在头顶,然后用火点着,称之曰"炼顶"。那艾燃烧起来后,烧得头皮作痛,即刻摇头呼叫,街坊少年擒住他们,不让摇头乱跑,但因疼不可忍,乃号哭坠卧于道上。头顶焦烂,举止窘迫,滚成一团,见此情景,人们无不大笑。为迎佛骨而断肢砍臂之人越来越多,有数

千人一时变成终身残疾;也有不少人当即以头触地而死,并认为因此可进入极乐佛国;也有因烧手臂和头顶而身亡者。贞节坊有位对佛虔诚至深的老夫妇,为了敬佛,竟然给自己一对亲生女儿强行灌入水银而活活毒死,献给佛指舍利……纵观整个长安大街,其伤残惨死者不计其数。

  却说唐懿宗迎佛骨进入内道场,立即设置了金花帐,温清床、龙鳞之席,凤毛之褥,焚玉髓之香,荐琼膏之乳,这些都是各国所贡献来的稀世瑰宝。唐懿宗迎佛骨入禁中三日后,将其安置于安国寺、崇化寺供养。宰相以下竞赐金帛者,不可胜计。

  且说初迎佛骨时,懿宗就诏令京城及京畿之民,在路旁垒土制作香刹,高一二丈,等到八九尺时,全部用金翠饰之,京城之内,大约有数万。妖妄之辈,互陈感应,借此虚张声势。有传言说,看到那香刹在夜间会震动;有传言道,看到那香刹夜间会发光。以此求化发财,因而获利者甚众。又有坊市豪家,互相组织无遮斋大会,大道间结彩作楼阁台殿,有的用水银作池,用金玉作树,竞相聚集僧徒,广设佛像,敲锣击钹,灯烛相继。又有令小儿身披玉带,额上贴着金作的头盖,脚穿银制白鞋,在一边大喊大叫,恣意嬉戏。还有结锦绣作成小车舆,以载歌载舞。

  然物极必反。是年七月,还未将佛骨送归法门寺,懿宗就晏驾。懿宗第五个儿子李儇(僖宗)即位后,于咸通十四年(公元873年)十二月十九日敕高品、内养、左右街僧人自京都护送真身至法门寺。这时沿途乡民迎送之盛况仪式已较前十无其一,然而京城耆耋(qídié 泛指老人)士女,仍争为送别,执手互相叹曰:"六十年一度迎真身,不知再见复在何时?"佛骨于咸通十五年(公元874年)正月四日归安于法门寺塔下石室玉棺金箧内。

八 懿宗洒涕迎拜佛骨　信徒断臂血染长安

自此日法门寺地宫封闭之后，那佛指舍利及其大量供养品，就此迷离消失千余年，连同地宫本身亦被后世人遗忘。这次迎奉佛骨历时十个月，其规模之大，时间之长，均超越唐代以前各代，是唐代事佛耗费惊人的一次，供品数量最多的一次，其耗费人力、物力、财力无法计算。它充分显示了当时中国社会的富饶盛况。当时印度僧人伽提和也参加了这次佛事活动，并蒙赐紫衣归本国的待遇。可以说，这次活动亦是国际上颇有影响的盛会。

再说唐懿宗，为迎奉佛骨舍利，不惜耗费巨资，本想借助佛力而益寿延年，以图国泰民安。然而事与愿违，法事还未结束，他还未来得及将佛指舍利送还，就病卧龙床。迎佛骨三个月后，他于七月十六日死去。因此，归还佛指舍利的任务，就落在了他那刚即位的儿子僖宗身上。然而，奇怪的是，懿宗迎佛骨本意想延长李唐王朝的统治，可是佛骨却未给唐王朝带来一丁点儿佳音。当唐僖宗刚刚派人将佛骨舍利送归法门寺，便爆发了黄巢率领的农民大起义，长安很快被农民军占领，僖宗吓得连忙携皇族躲到了四川。

呜呼，叹乎，悲乎，喜乎！

历史无情，它绝不会以某个人的个人意志为转移，亦不会靠什么神魔之力而动。

有诗叹道：

本心不修枉求佛，大厦蠹朽能几何？

振臂一呼揭竿起，萧条国祚已无多。

宋徽宗御驾法门寺　卧虎石演就新传奇

话说时序进入宋代，赵匡胤发动"陈桥兵变"，废周而黄袍加身，当了北宋太祖皇帝。他为了倚靠佛教势力维护新政权，一反北周禁佛政策，转而大倡佛教：修佛寺，造佛像，制佛具，度僧尼，并派人赴印度求法取经。

只说宋太祖开宝八年（公元975年），一日，法门寺一带大风忽起，折枝裹尘，一霎间，骤雨如倾，电闪雷鸣，惊魂骇目。瞬息之间，大地茫茫成一片水色，不见津涯，洪波浩浩，摧屋毁田。人们惊恐不已，惧怕被大水淹没。谁知待到雨后初霁，大水慢慢退去，川原开始分辨。人们惊讶地发现，远近房舍坍陷，良田损坏一片，法门寺周围的殿、舍、墙、塔却完好如初，且寺中用器丝毫都未濡湿。

又过了两年，即太宗太平兴国二年（公元977年）七月十八日。法门寺一带又狂风大作，暴雨复起。洪水过处，只见稼穑湮没，坏房颓垣，平川被冲作沟壑，沟渠被淤为平畴，其惨状更甚于以前。但等暴雨过后，人们又一次发现法门寺一点也没有被损毁。时人把这些现象看成是佛的保佑，为使后世闻知，刻石以记之。这是《宋法门寺浴器灵异记》中的两段颇有传奇色彩的记载。

法门寺传奇

北宋时法门寺十分兴盛,当时名声很大,四方游僧前来拜佛取经者甚众,不少僧人多在法门寺长住,老死于寺中者不少。那时法门寺中有一和尚姓李,号智颙。自幼出家,长大后能赡养父母,以孝闻名。他感到好多僧人常寓泊游方,死后其骨又弃露零散。仁宗庆历二年(公元1042年)二月二十一日夜,他在法门寺城南一里募地一块,用砖修了一座高丈余的"普通塔",以收葬游僧的尸骨,并建道场,请传戒师诵经念佛为亡僧超度"游魂",然后安葬其骨于塔中,同时在那塔顶还开了一个洞穴,以备后来送骨。

时光易逝,转瞬已到北宋徽宗年间。只说那宋徽宗乃一代昏君,即位以来,重用蔡京、童贯等一批奸佞小人。他们到处欺压百姓,为非作歹。那蔡京老贼做贼心虚,恐徽宗烛察奸私,便诱引宋徽宗堕入丹术,请来道师,炼丹服药,以求长寿。政和四年(公元1114年),徽宗又大兴土木,修筑延福宫。修成后,又把花石纲所办珍品,布置宫中。只见东到景龙门西抵天波门,殿阁亭台林立,相连不绝,宫内倍极辉煌,凿池为海,引泉为湖;鹤庄鹿寨及异禽奇兽的各种栅栏,数以千计,奇花异草类聚成英,怪石幽岩穷工极巧。后来又设置了村居野店,酒肆阁楼,经常昼悬异彩,夜放花灯,花天酒地,一任自由。古人有云:巫风、淫风、乱风,所谓三风者,无一可犯;一弊起而二弊必生,此君子之大忌。那徽宗先是好神仙,再是兴土木,色淫之事无不相随而起。徽宗宫中,除郑皇后外,有王贵妃、乔贵妃,还有大小二刘贵妃、韦贵妃。一个个天姿国色,独具风韵,深得徽宗宠幸。那徽宗偏入魔乡,得陇望蜀。有一年正值延福宫放灯,宋徽宗便带着蔡攸、王黼等人,轻乘小辇,微服往游。只见那闹区,草木向阳,云烟夹道,彩带飘飘,偶然间抬头映目无非春色,触耳尽是欢声。等联步出了东华门,但见茶楼酒肆,一片喧哗,闹盈盈卷起片片红尘,声细细传来曲曲歌管。徽宗东瞧西望,目不暇给。"刷拉拉",忽听窗帘揭响,徽宗举头仰顾,恰巧与那露出的千娇百媚的俏脸儿相遇,顿时,徽宗淫眼难移,心动神驰,禁不住大声喝彩。

且说这延福宫一带,每当放灯时节,歌舞妓女,争相卖笑,公子王孙,俱来寻花问柳,逐艳评芳。这里有一代名妓,名叫李师师,生得妖艳绝伦,且善唱讴,工酬应,乃至琴棋书画,诗词歌赋,虽非件件精通,倒也十知五六,故其艳帜高张,名传都市。此日天缘凑巧,待她开窗闲眺,适与徽宗车辇相顾,徽宗那喝彩赞叹之声,蔡攸、王黼二人早已闻知,也依车仰视,李师师瞧见王黼,对他嫣然一笑,算得打过招呼。那王黼曾与李师师相识,故而笑面相迎。王黼即刻偷偷地对徽宗道:"这是名妓李师师家,陛下愿去游幸否?"蔡攸道:"这恐怕不便。"王黼道:"彼此都是圣上心腹,不至泄漏风声。况陛下微服出游,有谁相识?若进去游幸一回,亦属无妨。"徽宗猎艳心切,巴不得立亲香泽,便对王黼说:"如卿所言,无甚妨碍,朕就进去一游,但须略去君臣之分,毋令他人瞧破机关。"王黼奉令,便引徽宗下车,徐步入李师师家门。蔡攸也相随而入。李师师见来人,已下楼出来迎接,领他们三人登堂,随即向前施礼,各道万福。徽宗鼠眼细瞧那李师师:鸦鬟凝翠,凤鬓含青,眸若秋水眉若柳,面如芙蓉肤如玉,一抹纤腰,苗条可爱;三寸弓步,瘦窄宜人。师师香茶奉宾,开筵宴客。徽宗坐首座,蔡攸、王黼依次而坐,李伺奉相陪。间询及姓

名,徽宗先诌了一个假姓名,蔡攸照例。轮到王黼,也捏造了个名字,李师师不禁顿悟。王黼与她使了个眼色,师师心灵,已是会意,遂打起精神,伺候徽宗。酒至数巡,师师振起娇喉,唱了几出小曲,更加令人心醉。真是"酒不醉人人自醉,色不迷人人自迷",徽宗极尽心驰神往,目不转睛地看着那师师只发呆。师师也浅挑微逗,秋波暗送,眉目含情。蔡、王二人也趁机在旁戏谑。待到夜静更阑,方才罢席。徽宗性情激昂,尚无归意,王黼窥破上旨,一面密语李师师,一面又耳语徽宗,便与蔡攸同去。徽宗见两人已出,索性放开胆子,便拥了李师师同入罗帷。李师师骤承雨露,知是皇恩下到,乐得卖弄风情,倍施娇态柔意。只说那徽宗,真可谓昏庸透顶,皇宫自有三宫六院,倾城倾国之色,却摘花拈草,在半道上搞了个野果倒觉味儿奇香,反而被一个对任何男人都会一样娇嗔,一样的媚态十足的妓女之虚情假意,娇媚妖艳所动。自那一夜的枕席欢愉之后,徽宗对师师情致倍加,遂冷落了众嫔妃,专幸师师。

有一年,宋徽宗陪师师游山玩水,自京师达长安。为说明其"皇权神授",遂来法门寺拜佛求降福降寿。宋徽宗带李师师驾幸法门寺的消息一传开,地方州府、县衙大小官员为献媚争宠,不惜耗费巨资,举办隆重接驾仪式。宋徽宗一向昏庸无道,大兴土木,到处寻欢作乐,无事国政,民不聊生。

宋徽宗和李师师之驾到,法门寺附近的老百姓遭了更大的灾难。徽宗驾到的前几天地方官吏就向老百姓摊钱派役,并趁机搜刮民脂民膏。然后在寺内外,张灯结彩,铺翠叠绣,准备盛大的接驾仪式。

相传法门寺曾经有个卧虎石,是隋文帝杨坚从麟游仁寿宫运来送给法门寺做"成实道场"用的。那卧虎石是块天然的石头,形状正好像一只猛虎,昂头蹲卧,尾盘足下,好不威风。那时,每当隋文帝驾幸法门寺做"成实道场"时,必来此落座享用。后来经过三次大的毁佛运动后,那卧虎石被毁坏而至遗失。这次听说宋徽宗要驾幸,地方官员为投圣上所好,派民夫在秦岭深山选了一块大青石,运回法门寺,放在大佛殿前,让工匠打磨光滑,好专供宋徽宗拜佛时所用。

却说宋徽宗的驾到,早就激起了法门寺一带老百姓的愤恨。当时,派去打磨大青石的工匠中,有个叫石头的孩子,生得剑眉虎目,机敏过人。其父是这一带有名的石匠,小石头从小随父学艺,刻制石碑、石兽。因其心灵手巧,几年就出落得和父亲的技艺不差上下。这天,趁人吃饭休息的功夫,他拿出小刻刀,用一种"水隐法",在那块大青石上刻了一只猴子。这种"水隐法"刻上去,平常看不见形,只待用水一冲,即刻显出原形。

宋徽宗坐在那卧虎石上(大青石代用品),在李师师和大小官吏奉陪下,拜佛、供神、听经,龙颜大悦,御笔为法门寺题写了"皇帝佛国"四个大字,就起驾回了京师。

九 宋徽宗御驾法门寺 卧虎石演就新传奇

法门寺传奇

宋徽宗走后,地方贪官为取悦皇帝,随命把那大石清洗,奉为"圣品"以示供奉。就在他们派人泼水清洗时,人们惊奇地发现那块大青石上出现了一只栩栩如生的猴子。人们由于痛恨宋徽宗,便将那大青石称为"卧猴石",以戏谑一代昏君。地方官吏见此,亦不敢收作"圣品"供奉。那块大青石就一直放在了法门寺院内,到后来宋亡,人们也不再忆起那位昏君,把那"卧猴石"也改叫"卧虎石"了。

现在,倘若你到法门寺朝圣、观光、旅游,还可以看见那块大青石放在大佛殿的东房檐下,若你有趣泼一碗清水,便立刻可见猴形。

正是:

善恶从来泾渭分,千夫怒指一昏君。

顽石不甘汝辈坐,遂教巧匠刻猴形。

县太爷嫉妒生诡计　法门寺衰落坏风水

传说北宋初年,法门寺还处在其鼎盛的余波之中,那时住僧过万数,寺院占地面积达6余顷。

却说有一年扶风县走马上任了一位其家世居南方的县太爷。这位县太爷贵姓赵字,据说他以前并非姓赵,因为当朝是赵家天下,他便改姓换名以和皇家套近乎。这赵县太爷十分精明,虽个头矮小,但脑瓜子特别灵。他能掐会算,通阴阳八卦,会查看风水。此人为官清廉不贪,但有个毛病,就是中国人常有的嫉妒病。他非常嫉妒北方人。因为他发现,自中华民族有史以来,历朝各代的帝王将相,绝大多数是北方人。他心想,论脑瓜子,北方人不一定有南方人脑瓜子好使,可为什么就北方的人才多呢?他掐来算去,才发现北方的风水比南方好,这是导致北方伟人多的决定因素,也是毫无办法的。但是尽管如此,他心里总感到不是滋味。

只说这赵县太爷自从在扶风县上任以后,注意研究了扶风的历史,还通察了扶风的风水,不研究不要紧,这一研究视察,不由使他大吃一惊。他万万没有料到,一个小小的扶风,竟出过这么多的名人高士,汉有班固、班超、班昭、马授、马超、马腾、耿光、

耿弇、耿恭、窦融、窦武、窦固等,三国至隋朝有马钧、王伯达、窦滔、苏蕙、吕光、马枢、窦荣定、鲁康祚、苏孝慈等,唐有马磷、马聪、窦叔向、马处谦、索姑等。就这不算,据风水看来,以上各朝代还远不是扶风人才的最盛时期。他惊讶一个小小的县,就出这么多人才,于是,想着想着,妒火中烧,寻思起破坏扶风风水的办法。他又仔细地勘察了扶风县境内的山山水水,发现扶风风水的总源头在法门寺。

但是赵县太爷苦思冥想,想了整整十天十夜,就是想不出破坏扶风风水的办法。于是,他决定亲自下江南遍请天下名师高手。那县令一路翻青山,过恶水,遇乡镇就打听,见路人即寻问。不知走了多少路,过了多少镇,一日黄昏,县令徒劳了一整天也未访见能人,忧愁地在一山城的小河边徘徊。忽见一皓发银须的老人适此而过,那老人见县令心事重重,好生同情,遂问县令有何为难之事。那县令假惺惺地哭着撒谎道:"下官乃扶风县县令,辖区内有法门寺,为当朝皇家寺院,寺内僧人经常骚扰百姓,四方女子来拜佛或路过于此,多失踪,被奸淫而至死,百姓怨声载道,纷纷前来县衙告状,因法门寺权势很大,下官又无权干涉,有道是:'跳出三界外,不在五行中',皇家的法律又不对僧人生效,下官又如何管呢?身为父母官,我岂能眼看着百姓遭殃,故而千里迢迢来江南请求名师,以求借法力而治之。"却说那老人听罢,顿生怒气,抖动着银须道:"客人休要烦恼,待老夫与你同行。"老人遂跟着县令一起来到了法门寺。

那老人乃是江南水乡的一位会看风水的阴阳先生。老人在县令陪同下踏看了法门寺周围的风水之后,到法门寺拜见主持长老。一阵寒暄之后,便对长老道:"这法门寺人杰地灵,且正处在一冢块之上,东西有潺潺小河环抱,北倚秀丽乔山,南临涛涛渭水,巍巍太白山。看这风水不久法门寺必有僧人修成正果。"那阴阳先生停了停又略带惋惜地叹道:"只不过山门前那个大土冢有碍风水,正好压在风水的龙头上,龙不容易抬头,因而不仅正果修不成,而且不久将给法门寺带来大祸。"主持长者一听急道:"敢问长者有何办法否?"那阴阳先生便道:"办法有,不知长老可有决心否?"那长老便急急忙忙答道:"有,请尊者讲!"阴阳先生想了想道:"若能将法门寺山门外那大土冢移走,在山门外的正南方修一大涝池,再从那大土冢的地方修一条水渠直通到涝池,这样每当天下雨时,法门寺东西两条街和寺院的积水就会通过这水沟流进涝池积蓄起来。大土冢移去后,那龙就会立即抬头,渴了就去涝池喝水,龙一抬头,法门寺便会化凶为吉,不仅不再有灾难,而且还会早出正果。"

却说那阴阳先生的招法还真够灵。不出一年,法门寺和尚不时生病,一个个上吐下泻,肚子一个劲儿拧绳子似的作痛,可无论怎么医治都不起作用。不到两年工夫,法门寺内一万名和尚病死得只余下两个。

据扶风民间世代传说,那赵县太爷出于对扶风人才的嫉妒,请来阴阳先生,有意采取骗术破坏了法门寺的风水,那阴阳先生让挖涝池、修水渠,实际上是割断了扶风风水的龙筋。也怪,自那以后,法门寺从鼎盛一下子衰败下来,从此一落千丈,再也没有兴盛起来,以后的历朝历代虽都不同程度有所修建,但寺内住僧只有两三人,最多也不过十几人,再也没有达到宋以前的那种场面;扶风从唐至宋、元、明、清,一直到今天,再未有过十分有名的人物。乡民都说,这是风水被破坏了的结果。

有诗叹道：

炉火生时失性灵，蓬雀嗤笑大鹏征。

坦坦天衢原自直，驽马何妨尽力行。

皇太后幸古刹降香　宋巧姣闯佛殿告状

物换星移,光阴荏苒,转瞬间已过百年。话说到了明代,因和尚出身的明太祖朱元璋崇信佛法,又改"重真寺"为"崇正寺",意在表明法门寺是佛教正宗,更应特别崇敬。所以,明代王府及一般信徒多铸铜佛像供奉法门寺,其数量之多,堪称历代之最。明武宗正德二年(公元1507年),对唐四级宝塔及殿阁又进行了一次复修,彩塑菩萨46座、功德龙王像8座、铸铜香炉8个,24院面貌又焕然一新。

据说,法门寺修葺一新后不久,正德皇帝之母张太后遂带太

法门寺传奇

监刘瑾驾幸法门寺,拜佛降香,在兴平马嵬驻跸之后,銮驾法门寺。一路车辇金碧辉煌,凤毛日月盖交相辉映,锦衣卫士、宫娥侍女、校尉女官前呼后拥,浩浩荡荡甚似威严。所过之处,各级官员、庶民百姓皆列队焚香跪拜,香烟蔽日,笙歌喧天,一派皇家瑞气。

却说皇太后銮驾落抵法门寺,香汤沐浴,拜佛进香作罢,用过早斋,由太监刘瑾陪伴,于大雄佛殿养冲打坐,忽听山门外有吵嚷之声传来。刘瑾问道:"外头什么人乱叫?"侍立贾桂答道:"有一民女喊冤!"刘瑾正为侍奉皇太后心烦,道:"拉出去砍了!""是!"一群锦衣卫士"唰"地一下围住了喊冤的女子就要动手,皇太后听到要斩喊冤女子,抬眼道:"嗯!大佛殿前岂有杀人之理,看女子有状无有。"

刘瑾看到皇太后不高兴,连忙吩咐道:"大佛殿怎么杀起人来了!太后有旨,不可乱动。"

且说那张太后,久居皇宫,好不寂寞,难得与乡野庶民相见,今日降香,闲情逸趣颇浓。也许是这女子造化高,太后降香正欲做善事,便令刘瑾将告状女子唤来大佛殿前问话。

话说这告状之女,姓宋,名唤巧姣,家住眉邬县宋家庄(今眉县东关村),年方二八,柳眉杏眼,长得端庄凝重,举止大方。她秉性泼辣,且自幼聪明伶俐,人称"小才女"。

可怜巧姣无福,出生在一个贫寒之家,身为黄花女,偏遭风霜杀。巧姣10多岁时,不幸慈母谢世,父亲宋国士原是一名生员,却因家境贫穷,命运不济,再无心功名成就。几年前为埋葬母亲借下乡约刘公道的账债,刘公道便常来讨债,无可奈何,宋巧姣年幼的弟弟兴儿也不得不去刘公道家当雇工。

这刘公道住在离宋家庄不远的孙家庄，混过衙门，当过地保，面善心恶，为人刁诈阴险。一天半夜，刘公道忽听院内狗叫，遂叫兴儿来察看，兴儿端灯来到后院，忽见一颗血淋淋的人头放在地上，不由吓得失声大叫"杀人了！"一见这般情景，刘公道一下慌了手脚，惶恐之余顿生一毒计，便命兴儿将那人头扔进后院枯井，以免给自家招惹麻烦。就在兴儿往枯井中扔人头的一刹那，那邪恶的刘公道忽然心想：宋兴儿，一个雇工，外姓之人，难保不张扬出去。于是，转身操起身旁的一把锹头，把兴儿也打进枯井。刘公道行凶杀人后，为了封住巧姣父女之口。第二天便去县衙，反诬兴儿偷了他家钱粮，连夜逃跑。

真是事逢奇巧。正当刘公道跪在县太爷堂下告状之时，孙家庄也来一人报案，说孙家庄寡妇家竟一刀连伤二命，杀死了孙寡妇娘家胞弟环生和弟媳贾氏。

知县听得有"命案"，当即带领三班衙役、刑房书吏、仵作、捕快等，前往现场踏勘。

这眉邬知县姓赵名廉，两榜进士，颇有才华。虽系父母官，却与他人不同。走马上任，先微服探访，察看农桑商贾，了解民情风俗。数日之后，才奔县衙。

衙内上下人等前来拜见，问大人有何吩咐，赵廉道："各理常事，将告牌挂出，有状立即呈上，及时审理。"从此，他办理民事不辞劳苦，除恶扬善，治理地方，有了个清官的美名。百姓颂其"廉平"，上官称为"冰药"，意为他做官廉洁，如冰之洁净，如药之有益于百姓。

却说赵廉到了孙家庄，孙寡妇家中早已围满了人。乡约、地保跪接知县。众人闪开一道，衙役站立两旁，知县下轿坐定，便吩咐验尸。仵作、捕快来报：

"男女两具尸体，颈项均系利刀器所伤。"

"男尸有头，女尸无头。"

"大门被尖刀撬过，凶手撬门入室作案。"

知县听报，离座踏勘了前后院落及杀人现场，发现房门外灯挂一个，室内绣鞋一只。遂命传来孙家母女，点名问姓，追问现场物件"灯挂"由何而来。孙寡妇吓得头也不敢抬，稀里糊涂地回道："自家常用之物。"问起"绣鞋"，其女孙玉姣回道："是小女新作。"说着，竟微微仰面偷视。

知县注视着孙玉姣，见她长得如花似玉般的美貌，推情度理，便对杀人情由，心中已"度出"八九。当孙玉姣提衣下跪时，又见其腕带玉镯半对，便料定此案系奸情所致。孙玉姣细皮嫩肉，怎耐住那如狼似虎的酷刑折磨，只得如实说出了玉镯的来历。

五日前，孙寡妇出外到寺院听经，孙玉姣正在院内开笼喂鸡，不料，几只鸡跑出院外，孙玉姣出门追赶，偏巧本乡西村一位世袭指挥的公子付朋出外游春，适至孙寡妇门前，与玉姣相遇。那付朋公子对玉姣美貌丽质早有所闻，今一见得不禁暗叹道："啊，果真是天姿国色！"

那孙玉姣偷送一抹秋波，见公子长得文雅俊毅，眉目清秀，潇洒大方，身穿一领雪青纺绸长衫，足着一双登云彩靴，手拿着一把长柄折扇，更添了几分风流气色。再细看，似曾相识，可一时又想不起，略一沉思，啊！会不会是他？

那付朋见孙玉姣，虽布衣淡妆，却打扮得干净、利索，掩不住她那美貌娇姿，也心想，此女子为何如此面熟？

原来付朋五六岁时,父亲由任上归里,曾带他到孙家庄给姑母拜寿,姑母一见侄儿满心欢喜,寿诞过后,一定要留付朋在她家多住几日,付朋在姑母家住了月余,免不了到街上玩耍。姑母邻居孙寡妇之女孙玉姣,天真烂漫,每日与他一起游玩,两小无猜,十分亲热。

时光飞逝,冬去春来。转眼几年过后,孙玉姣已长到十六七岁。真是"女大十八变,越变越好看,西村浣纱女,貌有倾国色"。虽说与孙寡妇一向交好的刘媒婆,曾多次提亲,怎奈难有玉姣称心之人;再者,她虽有如花之貌,却家境贫寒,门户难当。因而,耽误她亲事未成。

却说两位少男少女此刻一见,童年趣事便一幕幕展现眼前……孙玉姣今见付朋,心中顿生爱慕之情。但她自叹家贫,门不当户不对。真是欲舍不忍,欲求不能。那付朋,偶尔巧遇,尽管爱慕之心油然而生但久别重逢,难叙真情。真是:欲近无由,欲去不舍。

怎奈情儿露头难煞人。付朋见地上雄鸡飞扑,便即刻触景生计,上前施礼道:"请问大姐,小生想买只雄鸡,不知大姐可否方便?"

"雄鸡倒有,只是我娘不在,奴家不敢做主。"玉姣飞眼流波,含羞带娇,低低答了一句。付朋见状,心领神会,语带双关,进而言道:"你我都非童年,何不自己做主?"

"公子所言极是,但此事总须与母亲商讨才好。"

两人言来语去,心照不宣。"关关雎鸠,在河之洲,窈窕淑女,君子好逑。"付朋临别时,假意儿抖动衣衫,遗掉玉镯一只,依依而去。孙玉姣含羞拾镯,满心欢喜。

法门寺传奇

只是此事巧被刘媒婆窥见,付朋去后,那刘媒婆佯装不知来到孙家。真是春心欲动抑不住,心逢喜事精神爽。那玉姣尚处在兴奋之中,经不住刘媒婆三唬两吓,便羞答答道破了心事。于是,她忙张罗着要为二人说媒。临走时,还向孙玉姣讨得一只刚刚做好的绣鞋作为信物,并说:"三天后一定送来佳音。"

天有不测风云,人有旦夕祸福。谁料,这绣鞋竟被刘媒婆之子刘彪发现后,偷了去。这刘彪,生就一副麦糠皮色狼眼,一双吊梢八字眉,凶残暴戾,贪色好淫。以宰杀为业,且常泡在赌场,凭他那寻花问柳的习性,已知孙玉姣和付朋有暧昧之情,不觉心中大喜:"真乃老天爷有眼,让我拿得这绣鞋一只,既可指鞋诈钱,又可凭此'幽会',交交桃花运。"

话说这无赖刘彪,第二天即到东村向付朋诈钱,不料,被付家轰出,又被乡约刘公道训骂一顿。

风高放火天,月黑杀人夜。这天晚上,天空乌云密布,伸手不见五指。刘彪怀揣绣鞋,手提灯挂,腋夹一把杀猪刀,取小道直奔西村。

却说,孙玉姣的舅舅环生和妻子贾氏,闻听法门寺一位高僧到附近的普陀寺讲经,便携妻子顺路到西村邀姐姐同去听经,听经完毕,天色已晚,就留宿姐姐家中,正好就寝在外甥女玉姣的小房。

是夜,刚过三更,刘彪鬼头鬼脑地窜到西村,吹灭手中灯挂,摸到孙寡妇门前,拿了尖刀,往门缝里一插一撬,拨开门闩,单手推门闪身而入。待刘彪再撬开玉姣房门入室,饿狼扑食地向炕上扑去,脸正好贴在了玉姣舅父环生的满脸胡茬上,刘彪顿时大惊失色,拔腿欲逃。那环生被刘彪一扑惊醒,大呼"有贼",一个鹞子翻身跳了起来,抓住刘彪的领口,迎面就是一巴掌。这时,贾氏也爬起来抱住了刘彪的腿,三人扭作一团。

那刘彪本已胆战心惊,又挨了一记耳光,急得像被猎人套住的恶狼,两眼直冒金星,伸手摸到尖刀,狠命地向环生一戳,正中咽喉,当即毙命。他又抽刀回身,对着贾氏趁势一抹,可怜贾氏亦头颅落地。刘彪心悸惶惶,黑暗里顺地一摸,不顾是灯挂还是人头长发,抓起来夺门而逃。跑出去一看,乃一女人头颅,便将头颅从墙外掷进了乡约刘公道家。

话说赵知县听罢孙玉姣的诉说,不仅不信,反差人提来付朋严刑拷打,要他招认与孙玉姣通奸杀人,付朋被屈打成招。赵廉令人把付朋和孙玉姣关进死牢,并上报呈状,等批文下来,立即开刀问斩。

呈文上报后,赵廉猛想起刘公道曾告宋兴儿盗物逃走一案。两案俱发生在五月十三日晚上,且同在一村,便推断到,莫非是宋兴儿那晚去孙家调戏孙玉姣,女子不从,惊动其舅父舅母,而杀人盗物逃走,于是赵廉又差人提审宋国士父女到案。

却说宋国士忽听儿子盗物而逃,丈二和尚摸不着头脑,张口结舌,无以相对。知县见宋国士一时答不上来,便武断地要宋国士快快交出兴儿。

宋巧姣见县官如此专横,柳眉倒竖,杏眼圆睁,力辩道:"我弟忠厚老实,秉性诚恳,为刘家佣工,昼夜辛苦,怎能夤夜去西村杀人?既然杀人,逃走不及,又怎能回到刘家盗物?盗走刘家甚等财物?说他杀人有何凭证?谋奸孙玉姣不成,何不传来孙玉姣当堂对质?"

巧姣一串连珠炮,问得知县瞠目结舌,顿时恼羞成怒,猛地

十二　皇太后幸古刹降香　宋巧姣闯佛殿告状

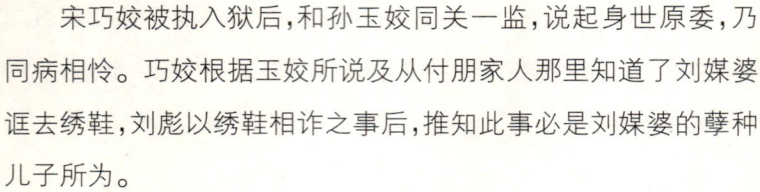

一拍惊堂木，命将宋巧姣收监。宋国士交出纹银10两，方才赎回女儿。

宋巧姣被执入狱后，和孙玉姣同关一监，说起身世原委，乃同病相怜。巧姣根据玉姣所说及从付朋家人那里知道了刘媒婆诓去绣鞋，刘彪以绣鞋相诈之事后，推知此事必是刘媒婆的孽种儿子所为。

宋巧姣在付朋家人保释出狱后，想方设法去告状，但无路可投。

正当哭诉无门的时候，忽听当朝公公刘瑾陪同皇太后来扶风法门寺降香。巧姣决心拼死去告御状。

闲言少叙，话入正题。却说宋巧姣一到法门寺，但见一片刀山剑海，戒备森严，锦衣卫士如狼似虎，个个杀气冲天。她冒死喊冤，几次都被挡了回来。那巧姣早已将生死置之度外，她双手拨开逼近胸口的长矛，高呼"冤枉"闯进了山门。几个锦衣卫士追上去，将她踢翻在地，她仍高呼"冤枉！"声音传进大佛殿，这才惊动了太后大驾。

宋巧姣被传进大殿。老太后远远望见一个披头散发的女子向大佛殿奔来，暗暗赞扬她的胆量，自有几分欢喜。

宋巧姣双膝跪在大佛殿前一块佛石上，头顶状子，哭诉冤情，她的哀告之声，字字是冤，句句是情，其情其理直感动得法门寺大佛殿前青松古柏为之落叶，塔角铜铃，为之无风摆动哀鸣。就连她跪的拜佛石，也为之酥软下去，留下了她斑斑膝印。老太后听了巧姣的诉状大为愤慨，命刘瑾即刻审清此案，为民女昭雪。

刘瑾招来眉邬县令，命他三日查明实情。翌日，知县押解二犯至法门寺。此案在刘瑾的审理下，案情大白，作恶多端的刘彪,杀人灭口的刘公道均被斩首。主观武断的知县也被革了职。

　　据说宋巧姣冒死告状鸣冤,多为人交口称赞,往返扶风、眉邬途中,老少争相围观。踩得路旁草木难生,田地禾苗性弱,几百年来痕迹隐约可见。后来乡民们敬仰巧姣刚直侠义,把她跪过的那块佛石保护下来,起名"巧姣跪石"。至今,那石还放在法门寺的大佛殿前。

正是:

侠女冒死告御状,反抗精神实可奖。

命官渎职大堪恨,跪石迄今显奇光。

 明万历修砖塔艰难　天仙女下人间指点

话说明朝隆庆二年(公元1568年)一天午夜,关中大地发生了有史以来损失惨重的大地震。一夜间,川原坼裂,郊墟迁移,山鸣谷响,水涌沙溢。城垣、庙宇、官衙、民庐,倾颓摧圮。三秦八百里广袤阡陌,或壅为岗阜,或陷作沟渠。法门寺原来的唐建四级木塔顷刻间也变作一片朽木瓦砾。这座历经900年风雨,为佛教徒们敬仰的真身舍利塔的倒塌,引起了法门寺诸僧俗及四方百姓的惊恐和喟叹。于是,众和尚纷纷奏报朝廷,要求重修。

直至万历年间,皇帝信奉佛教,准奏下诏重修。万历七年(公元1579年),当地信善绅士杨禹臣、党万良倡导,并号召

天下捐资,王公贵族及天下居士纷纷捐助。未几,一个重建宝塔的宏大工程开始了。于是,他们张榜天下,悬重金招能工巧匠设计修塔。当时应召者云集,有的设计成雁塔或四棱形,有的设计成方形,有的设计成五棱形,有的设计成坛形,高度不一,最高者也不过七八丈余,主持长老大都不尽满意。忽一日,一位70多岁的老汉前来应诏。老人呈上自己的设计图样,众人一看,莫不惊讶!只见老人所设计之宝塔,共8面13层,下有庞大的塔座,座上宝塔高达126尺。第一层南开塔门,取意与天宫南天门遥相呼应,上刻"真身宝塔"四个大字;东南与日出相映,取意"浮屠耀日";西边与余霞相衬,取意"舍利飞霞";北为"法门重镇"。第二层八个面,每面各刻一个大字,顺字为"乾、坎、艮、震、巽、离、坤、兑",代表八卦。从第三层向上,每层又设八洞佛龛,全塔共设88洞,每洞置铜佛像各一尊,共计88尊,这12层8面88佛龛,正好分别代表了佛教所谓12因缘,8正道,88个金罗汉弟子。且每层修有奇巧精细的八面飞檐,檐角各悬铜铃一枚,塔顶设钨金葫芦宝顶一丈八尺,金光灿烂。塔内设有阶梯,可盘旋层层而上,直达塔顶。最为奇观的是,那塔基下数米深处设地下佛宫一座,以水银为池,泛金船其上,船内设有金匣,将释迦佛祖的真身指骨舍利珍藏供养于金棺银椁之中。老人设计的这个宝塔,别具匠心,雄奇壮观。主持长老和众和尚一看大喜,赞不绝口。可是,主持长老担心修这么复杂、这么高的宝塔,能否成功。老人看穿了长老的心思,道:"请长老放心,老朽愿以性命担保。"遂割头发一撮,交予长老,以示决心,长老看老人心诚持重,于是,命其动工修筑。

话说这老人姓王,名志蚌,乃一代名工巧匠。他当即招收工

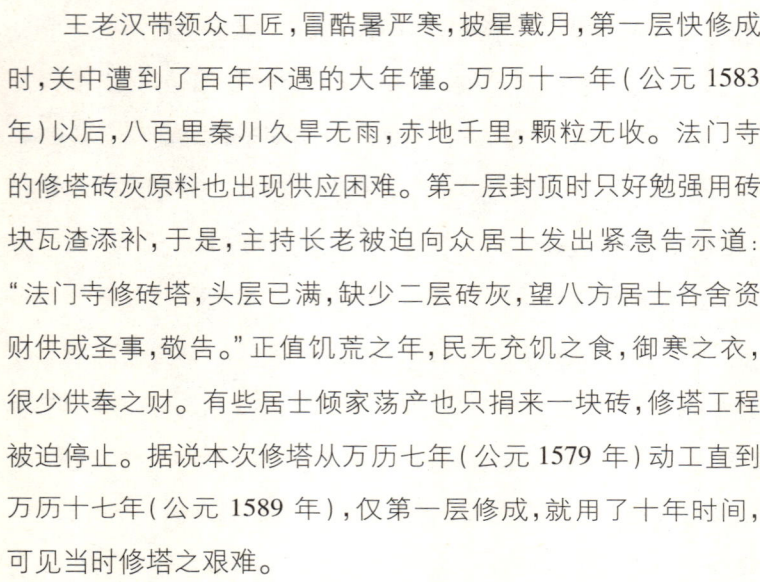

法门寺传奇

匠百名,土木杂工千人,浩浩荡荡动起工来。

　　王老汉带领众工匠,冒酷暑严寒,披星戴月,第一层快修成时,关中遭到了百年不遇的大年馑。万历十一年(公元1583年)以后,八百里秦川久旱无雨,赤地千里,颗粒无收。法门寺的修塔砖灰原料也出现供应困难。第一层封顶时只好勉强用砖块瓦渣添补,于是,主持长老被迫向众居士发出紧急告示道:"法门寺修砖塔,头层已满,缺少二层砖灰,望八方居士各舍资财供成圣事,敬告。"正值饥荒之年,民无充饥之食,御寒之衣,很少供奉之财。有些居士倾家荡产也只捐来一块砖,修塔工程被迫停止。据说本次修塔从万历七年(公元1579年)动工直到万历十七年(公元1589年),仅第一层修成,就用了十年时间,可见当时修塔之艰难。

　　话说这王老汉,为人憨厚、正直。法门寺修塔工程被迫停工待料,一停就是数年。王老汉整日守护在工地,眼见底层架木渐渐腐朽,所修砖渣多被风雨侵蚀,而年馑无头。不久,便忧心而死。

　　荒年过后,老汉的儿子便继承父业,并立下誓言:"若不修成,誓不为人。"

　　中年汉子重整旗鼓,火速动工,修至九层,此时塔身已过百尺,巍巍矗立,冲入云霄。由于负荷太重,一天,那又高又重的木架子突然散落倒下。中年汉子捶胸顿足,抱头大哭。未几,寻来一把明晃晃的钢刀,就要自刎。众人赶快上前拦阻。那汉子道:"吾辈无能,无颜见世人,请长老另寻高明。"说罢,"喀嚓"一声割下了自己的头颅。

　　从此以后,再也无人敢包揽承修这座宝塔。

一日,却来了一位扎着两根羊角辫儿的10多岁小男孩,说他要修,众人见他如此年幼,多以为是小儿戏言,不足信。可小孩执意道:"我爷爷、父亲都为修筑真身宝塔献身,小儿若不继承父辈遗志,岂不枉为匠工后代?"主持长老和众和尚听后莫不称奇。但众人见他这般年幼,不无犯愁。那小儿看出了人们不大相信他,便要血溅宝塔,以死相求。众人无奈,权做儿戏。

却说那小儿接准后,只每日绕塔转悠,并不动工,数日之后,便不见了踪迹。众人本以为小儿前边说的乃孩童戏语,并不追究。主持长老又出示诏天下续修法门宝塔之能工巧匠。只叹无一人前来应诏。

原来那小儿观察思考多日之后,总结祖父、父亲教训,决定另寻修塔之道。于是,他离家出走,决意先去投拜天下名师。

小儿先到长安,看见大小雁塔,便询问住寺长老及当地村人,当年如何修之,众人皆说,因年代久远,无人知晓。于是,小儿又出潼关,风餐露宿,长途跋涉,入山西五台山,到河南少林寺,后又取道江南,凡有塔之处,皆去观察打问,仍无一人能解答他的疑难。光阴似箭,日月如梭。这期间,不觉已过10年,小儿已长成了一个20多岁的英俊小伙子。他虽衣衫褴褛,却身材魁梧,仪表堂堂,每日只要在河塘边洗洗脸上的汗泥,那俊美的容颜就会惹得不少姑娘秋波流盼,心驰神往。可他一心只顾寻访修塔妙法,其他事一概不想。

一天,小伙子沿江行走,好久未见村舍,肚中饥饿,见江边有几只野菱,便摘取几只,用于充饥。"哗啦啦"一只小船撩开芦荡划将过来,走出一老妇人与一少女。只见那少女年约十七八岁,眼含秋水,面若桃花,苗条如江边垂柳,飘逸迷人。身着一身

法门寺传奇

荷绿绸袄,手持一把竹篙。小伙子悄悄一看,顿觉神魂飘荡,浑身发酥,心欲跳出,足如坠铅,暗叹道:"哪来这等俊妞,天仙女一般。"却说小伙子还未从遐想中反应过来,那女子却瞅他一眼,柳眉倒竖,一篙打将过来,正落在他面前,水花四起,溅了他一脸一身,厉声道:"哪里来的小贼,青天白日,敢来偷吃我家菱角?"小伙子一时羞得面红耳赤,无地自容,那老妇却笑骂女子:"死妮子,和谁都乱开玩笑,太少教了。"又对小伙子道:"远方来客,莫要见怪,我这妮子和你闹着玩哩,全是我平日宠坏了她。"小伙子道:"老婆婆可安?晚生哪敢见怪!"老婆婆遂问小伙子姓名、住处、因何到此,又对年轻女子抿嘴笑道:"撑船让客人回家。"那女子又调笑道:"请贼入室,莫非咱家东西多得没处放了?"说着便跳上船撑了起来。

三人上船,那女子轻点竹篙,小船似箭。不一会来到一片柳林,但见绿荫中点缀着几间茅舍。老婆婆引小伙子入室,一会儿便端出饭菜,小伙子谦让一番,便狼吞虎咽地吃起来。

饭毕,天色已晚,小伙子见屋中别无男人,要告辞。老婆婆道:"茅舍虽小,但可安身,就请今夜宿住贱处,老妪有话相商。"小伙子问有何事相商。老婆婆道:"老妪就这一女,年十八,还未许人,公子若不嫌弃,老妪愿招为婿,不知可否愿意?"小伙子红着脸说,自己父辈两代,为修法门宝塔献身,自己决心继承祖宗遗志,法门宝塔不修起,誓不婚娶。老妪听罢不再为难。笑道:"既是如此,老身不勉强,就请公子这里歇息。"小伙子恐其中再有他故,连连告辞。老婆婆出门而去,顺手拉上门,又当地一下上了锁,小伙子当下心里惊慌起来。半夜时分,月光从窗棂照了进来,小伙子听得四周寂静无声,便轻轻一推窗子,翻身越窗而出，连夜而逃。

东方熹微后，小伙子正在江边行走，忽听一只小舟顺风漂来。船至岸，舱内钻出一人，正是昨夜那女子。女子一步跳到他面前，杏眼圆睁：“小贼哪里去？”小伙子连连赔罪。那女子道：“好茶好饭相待，不思谢意事小，却半夜拆窗而逃，是何道理？”小伙子又连连赔罪，请求饶恕。那女子忽而转怒为笑，闪了闪亮晶晶的眸子道：“要饶不难，得答应一件事！”小伙子一时红了脸，心想肯定又要缠男人，心里下定决心绝不允婚，嘴里却应酬道：“只要晚生能做到，一定照办。”"那好，跪下磕三个头吧！”小伙当下好不难堪，嘴里讷讷道：“这，这，这如何使得？”只见那女子抿着嘴只“吃吃”地谑笑，一双俊眼儿不换眼儿地盯得小伙子直冒虚汗。小伙子暗叹道：“我乃七尺须眉，岂能屈低于一妇人之手，唉！今日算栽在这娘们手里了。”无奈小伙子慌忙磕了三个头，转身就走。那女子笑得前仰后合，然后"噌"地跳上船，箭一般驶去，眨眼间不见了踪影。

却说小伙子闷闷不乐地继续向前探寻。翻了一座又一座山，过了一道又一道水。一日，忽在一片山间小路上，遇一小孩正在用泥垒修着小宝塔戏玩。那宝塔虽小，却小巧玲珑，飞檐高翘，八面造型，形状正好似爷爷和父亲修筑的法门寺真身宝塔，且顶层亦尚未修起。四周密密匝匝用小柴棍儿横竖架着林立交错的木架。小伙子一看，大喜。真是"踏破铁鞋无觅处，得来全不费工夫。"正待开口问话，那小孩却对着一片绿林问道：“姐姐，塔太高了，木架架不上去，砖瓦粘泥如何运上去？”林中一女子笑道：“你好愚顽，遍地黄土，要它作甚？快回来吃饭。”小孩子拍手笑道：“好！”遂向那女子飞跑而去，小伙子猛然抬头看那

法门寺传奇

女子,惊得目瞪口呆,原来正是多日前见过的那位年轻女子,便急呼道:"阿姐稍等!"那女子却一声未应,回头携小孩向林中快步走去。小伙子连忙急赶,一眨眼,便无了踪影。

小伙子好不伤心,痴痴地在林中转悠了半天,突然恍然大悟,不禁拍手叫道:"好,好,好,知道了!"

于是,小伙子日夜兼行,赶回法门寺。小伙子给主持长老打了个招呼,即刻招收万余民工,准备"拥土而筑"塔。

是夜,小伙子入睡不久,忽觉一阵清风越窗而入,顿时满屋金碧辉煌,睁眼一看,见一位妩媚少女站在面前,满面垂泪。定睛细看,正是昔日那女子。小伙子又惊又喜,急问女子从何而来?那位女子流泪道:"妾本鲁班师爷二十八代玄孙女,只因整天住在天宫寂寥,便与使女小玉偷偷下凡游玩,本欲找一位能继承祖爷遗志、甘为人间造福、品格端正的年轻工匠为夫,共度人间欢乐。妾到人间后,得知夫为修筑法门寺宝塔,翻千山,涉万水,寻访修塔立架之良方,十分敬佩。故那日令小玉化一老妪,借住茅舍点化你,又怕你为轻薄之辈,几次试探于你,又令小玉提婚。妾下凡时,曾偷得母亲转世宝珠一颗,只要与君婚配,便可断绝仙缘。然君未允,又越窗而逃。妾翌日追上,本欲再劝,又觉羞口。妾本性喜爱笑耍,那日令小玉化一小童,以黄泥筑塔,想先点化于君,改日再告知。谁知不久,被母亲发觉,从天宫追来,收回宝珠,又囚小玉于天牢。今君终悟之,妾亦放心。"

说到此,女子泪如雨水,小伙子后悔不已,紧紧拉住女子纤纤素手,不觉也涕泪涟涟,忙问女子还有何方挽救?女子道:"妾身无宝珠,难得与你相会。今见你兴师动众,招收万民挖土筑山修塔,百姓太苦了。故今夜偷来祖爷当年修塔仙土一撮,交付于君。君明日撒于塔基周围,说声'长',此土便会长起成山。修好宝塔后,喊声'缩'便又会缩为原样,此时宝塔会呈现出来。"说完泣不成声。小伙子悲喜交加,深为感动,遂旋风似的一把将姑娘搂将过来,拥入怀中。凝视着姑娘那嘤嘤哭泣的泪脸儿和她那微微翘起的嘴唇,小伙子当下无法自制,轻轻地把他那厚实的嘴唇贴在了她那小巧的嘴唇上。霎时间,仿佛雷雨天阴阳两电碰出的闪光,两股无形的暖流,从那相贴处迸射开来,一头注入他的心田,一头注入她的芳心。两颗心融合了。"轰隆",随着一声巨雷闪电,一股阴风吹了进来,两人不禁打了个寒噤。姑娘仿佛意识到什么,慌忙推开小伙子,脸色惊慌道:"大事不好,母后追下凡来了,你快躲藏起来,否则即遭非命。"说罢飘然而去,只留下一股青烟,一缕清风,两行离别泪。小伙子急忙追出门外,只见满天星斗闪烁,好不伤悲。

却说小伙子回到屋里,果见床头一个绢包,打开,内有一小撮黄土沫儿,不觉悲喜交加,便立即撒于塔基四周,喊声"长",但见塔基四周渐渐高起,一夜间长了数丈,翌晨,便长得与塔顶平高。于是,小伙子领众工匠顺着山坡斜面搬砖运料,一年工夫,便按照祖父原设计图样修起了宝塔。然后喊声"缩",只见塔四周的土山渐渐低为平地,众人无不称奇。这便是人们后来看到的法门寺真身宝塔。这座宝塔建修前后经过了 30 年,可谓历尽艰难。

据说,宝塔修起之后,对法门寺殿堂、楼阁也进行了整修,并铸造巨钟一口,此钟敲响后,数百里可闻其声。后来,万历皇帝大喜,亲自来法门寺举行了声势浩大的庆典仪式,下诏封小伙子为"大明龙廷神手御史",专门负责修缮皇宫宫殿。小伙子婉言

法门寺传奇

谢绝,却到民间走乡串户为老百姓盖房修屋,打制农具与日用家具,而且终生未娶,他心中一直记挂着那位天宫里来的绿衣少女。

有诗叹道:

修塔心如磐石坚,窈窕天女故相怜。

一朝塔成人离散,此心又向碧天悬。

青羽仙子献丹解难　太白金星借牛拉塔

却说法门寺真身宝塔在明代万历年间重新修建之后,到了清顺治十一年(公元 1654 年)元月初九日,关中又发生了一次毁灭性地震,法门寺真身宝塔也被震得向南倾斜,摇摇欲坠。传说住在太白山仙宫里的太白金星知道此事后,曾派牛王借了农家耕牛十万头,一夜之间将塔拉直了一些,才免于倒毁。

那时,法门镇上住着一个穷书生,姓阮名玉,其父早逝,母子俩相依为命。这阮玉虽家贫如洗,但志向远大,且聪明伶俐,勤奋好学。他除每日早出晚归耕种自家的几亩薄田外,夜里,便借着油灯,诵经阅卷,习文练字,吟诗作赋,不几年就学得一手好文章。阮玉几次参加科举考试,但由于考试中的徇私舞弊,每届乡试,主考的地方官便要趁机敲诈勒索,以贿赂多少论取舍。阮玉家境清贫,哪有银钱行贿?更何况他生性耿直,从不向贪官污吏折腰,干那些有辱人格的勾当。因而,他虽才学出众,多次乡试,却难上榜名。

一天晚上,秋月皎皎,阮玉正倚窗诵读诗文。忽而窗外传来小鸟惊叫之声,他举目望去,但见一只黑色大鹰正在啄一只青羽小鸟。阮玉情急性起,操起桌案上的石砚,隔窗向那大鹰打将过

法门寺传奇

去。鹰被惊飞了,青羽小鸟却扑打着羽翼在院子里哀鸣不已。阮玉走出屋子,小心地把那小鸟捡进屋内,灯下细看,只见小鸟遍体鳞伤,疼得哆嗦打战。阮玉弄来草药,熬汤给它洗了伤,便小心饲养起来。这样精心养了数月,小鸟伤好后,阮玉把它带到村外,几次放飞,小鸟都恋恋不舍地飞了回来。阮玉用手抚着它那青色羽毛轻轻地劝导道:"你是自然的骄子,应该回到自然中去呀!"阮玉的这番话,使小鸟甚为感动,它望着阮玉"啾啾"地叫了几声,展翅飞去了。

过了数年,一天,阮玉读书至半夜。刚昏昏沉沉躺下,忽然间,房门不启自开,闪身进来一位少女,只见她年方二八,眉目清秀,穿一件合体的青衣小袄,显得娇小玲珑,迷人可爱。不等阮玉开口,那女子便慌忙道:"法门寺一带不久将大难临头,明天你赶快离开此地,也转告乡亲们到外地暂避几日再回法门寺。"语落,一闪身便无了踪影。

待及天亮,阮玉便依照那女子之言,连忙收拾带了几件换洗衣服,扶着母亲出了家门。临走时,他还在法门寺街上张贴告示,劝乡亲都能离开。大家都觉得好笑,以为他患了疯病,全不以为然,照旧下地的下地,做工的做工。

可就在阮玉离开法门寺的第二天,突然地动屋摇,大片农舍顷刻间变成一片废墟,人畜死伤惨重,这时人们才想起了阮玉的劝告。

只说那阮玉逃在半路上,听说家乡遭了地震,心里好不着慌,便又扶着老母匆匆赶回法门寺。此刻只见那真身宝塔倾斜欲倒,原先流在平地上的美水河也突然一落数丈,河道下陷成了一条深深的峡谷。那乡约地保和一些富豪见阮玉半道回来,都有说不出的悲悯。遂合伙把阮玉请去，要他写了一份奏章。奏章呈上，朝廷知道后，立即派来使臣，察看灾情，并拨下一笔银两救灾。但那银两一到就被乡约地保和富豪们偷偷私分了。为了掩人耳目，他们又变着法儿要四乡百姓摊钱集款，并限期交纳。有一个女巫也趁机兴风作浪，大作道场，哼哼唧唧耍了一阵半疯之后，并装模作样地发起神来，言称，这次震灾，全因四乡百姓对寺院不忠不诚，导致大佛发怒，才造成塔倾殿毁的惨局。若要事态不再发展，就必须宰牛千头，宰羊千只，贡果万担，贡银万两进行一次隆重的祭塔活动。这样，摊在百姓头上的款银简直不堪承担，逼得不少人家破人亡，背井离乡。就这样，乡约地保等地方恶霸仍不满足，伙同女巫祭塔一毕，抽走了大批祭品，而宝塔却越倾越斜。乡约们又借女巫之口，扬言大佛嫌祭礼太少。还需重新大祭，佛心满意，塔可自直，灾难可除。于是，一场残酷的盘剥又要开始了。

面对邪恶势力欺世盗名的罪恶行径，阮玉怒火中烧。他不仅拒绝了乡约地保一干人等分给他的赃物，并连夜赶写了一份状子，呈送县衙，揭露了乡约地保一伙的罪行。谁知知县和乡约竟是一伙，打了阮玉四十大板，赶出门外。那阮玉不肯罢休，又写了状子，告到凤翔府上，知府大人早被乡约贿赂，听了阮玉陈述，当下雷霆大怒，降罪说他想谋反朝廷，遂令人砍其左臂。阮玉受刑后，疼痛难忍，气愤不平，便住在凤翔府附近的一座破庙内，决定伤好后，再去告御状。

这夜，寒风凄凄，大雨如注。阮玉的伤口发作，痛不欲生。忽然，庙门顿开，款款地走进一女子。阮玉十分纳闷，待等定睛一看，这不正是前些天让自己离开法门寺避难的那女子吗？阮

法门寺传奇

玉顿时悲喜交加,一时激动得语不成声。那女子慢慢走过来,轻轻地抚摸着阮玉的残臂,泪如雨下,凄婉地说:"尊师受苦了。"阮玉听罢,内心涌起一阵酸楚,十分伤感道:"你帮我躲过了自然灾害,却躲不过贪官污吏的陷害呀!"那女子安慰道:"尊师别太伤心。你被砍的左臂我替你捡回来了。"说着取出一条香帕,打开,果是阮玉左臂。小女子与他接好后,吹了一口水气,用手将伤口缝合,再用香帕细细包扎好,扶着阮玉睡下,叮咛他少动,安睡一夜,即可痊愈。阮玉思前想后,觉得很惊奇,遂迟疑不决地问道:"你究竟是什么人?对我一个穷书生这般好!"那女子犹豫了一阵,经不住阮玉的再三诘问,就如实说来。她先问道:"尊师可曾记得你救过的那只小鸟?"阮玉猛惊道:"莫非你是……"那女子嫣然一笑,道:"奴家正是你救的那只小鸟。"接着那女子便告诉阮玉,"我本是栖息在法门寺真身宝塔上的一只小鸟,千百年来,耳听佛语,身受佛光,加之自己诚心修炼,才成仙鸟,转变人形,来去无踪。后来,每夜听见你在屋内吟诗作赋,敬羡之情难禁,经常夜间飞到你的窗前窃听学习。那一夜回到塔身,听得八十八罗汉议论纷纷,像是有大难临头,就变做人身,深夜造访,前来密告于你。若尊师能在外乡躲过半年,天灾可避,人祸亦可躲。然尊师爱民心切,灾前劝百姓外逃,灾后又遭贪官污吏酷刑,奴家更加感佩,怎能不前来营救呢?"

那阮玉听罢,顿时激动得热泪滚滚,道:"幸得仙妹相救,阮某至死不忘。伤愈后,一定要告倒那帮贪官,解救老百姓于水火。"那女子道:"尊师大德,为救百姓,反受其苦。然而如今圣上昏庸,贼子当道,你告御状,又有何用?"阮玉急道:"仙妹有何良策?"那女子遂道:"此地离太白山不远,尊师莫如去找太白金

96

星,或许可救百姓于水火。"阮玉听罢,不无难色。心想自己一个凡夫俗子,如何见得太白仙颜?那女子看出了阮玉的心思,道:"奴家修炼千年,胸内有仙丹一颗,尊师只需吞下这仙丹,即可到达太白山,面见太白仙颜。只是那太白圣宫前有条巨蟒守门,不好通过,这就看尊师的胆量了。"阮玉道:"只要能救百姓出苦海,纵是刀山火海,我也去得!"小女子听了深为感动:"尊师如此仗义,请受奴家一拜!"拜毕,她让阮玉转过脸去,从贴身处取出一把柳叶小刀,沉思片刻,直逼胸口。阮玉发觉,惊恐中急忙回头,柳叶刀已刺破胸膛,那颗光华荡漾的仙丹已从她的腹腔中滚落出来。阮玉惊呼一声"仙妹"当即昏死过去。

　　翌晨,当阮玉从昏死中苏醒过来,臂伤已经痊愈。他爬起来,见那女子尸身已变得僵硬,遂抱着恸哭了一场,小心翼翼地把她的遗体安置好,待他把那仙丹吞在嘴里,不等下咽,顿觉脚底生风,飘飘然上了云霄,眨眼工夫便到了太白山峰顶。

　　其时虽系六月炎夏,但太白主峰却依旧白雪皑皑。阮玉在群峰之间寻找着太白宫。正走着,但见两峰相夹的一条峡谷口,忽而跃出一条凶恶的巨蟒,挡住了去路。阮玉心想,这大概就是小青女子说的那条巨蟒,立刻跪倒便拜,声明原委。那巨蟒并不理睬,开口道:"仙山有山规,非天宫神圣,太白仙尊贵亲,一概不准入内。"阮玉连连叩头,苦苦哀求,终无济于事。无奈,只得把嘴里的那颗仙丹送了巨蟒,方才从巨蟒弓起的身下钻将进去。

　　步入太白圣宫,却见两位鹤发童颜的老人正在专心致志下棋。阮玉上前跪地叩头,道:"不知哪位是太白仙圣?"其中一位身材高大些的头也没抬,呵斥阮玉如此大胆,竟敢私自闯进仙宫。阮玉不慌不忙地述说了自己进宫的缘由后,只说他为救百

十三　青羽仙子献丹解难　太白金星借牛拉塔

姓苦难,早已将生命置之不顾,况太白圣宫向来乐善好施,有何不敢闯的。阮玉的话引得另一位白须髯髯的老仙大悦,道:"牛王,此生为救民间疾苦,已身受无数磨难,今来求助你我,我们当尽力相助。"那跪着的阮玉听老仙的口气,知他必是太白金星,当下叩首如捣蒜,一时间把头在地上磕得鲜血直流,刚才那位凶神似的牛王见此状,下台扶起阮玉,朗笑着拍拍阮玉的肩膀道:"好汉,好汉!依太白老仙之言,借牛十万头,拉直宝塔,看他乡约地保还能生出个啥'蛋'来盘剥百姓。"随后太白金星留下阮玉吃了顿圣餐,便送他出宫下山。

却说那阮玉出了宫门,见那巨蟒被紧锁在悬崖之上,好生惊异,回头仰望太白金星,老仙余怒未消,告诉阮玉,巨蟒如此无礼,竟敢借职无故勒索仙丹,先锁他千年思过。说着,从袖内取出仙丹,交与阮玉,让他快速下山将仙丹还与那侠肠义骨的小鸟。阮玉正欲问那小鸟是谁?只见老仙指尘一展,他便如来时一样,脚踩浮云,星夜回到凤翔城外的小破庙。

来到破庙,阮玉立即找那女子尸体,却在放尸处发现一只青羽小鸟。他急忙把那仙丹置入小鸟胸腹。片刻工夫,小鸟醒了过来,凄然地望了望阮玉,蓦地扇动翅膀,腾空向太白山飞去。

只说阮玉回到法门寺后,但见寺内的真身舍利宝塔已基本端直。人们纷纷传说,有一夜,家家屋里都来了差人传话,说是把牛喂饱养好,次日早晨醒来,人们看到家家户户的牛马都在圈里大汗淋淋,像是刚做完活回来。众乡亲不解,出门看见倾斜的宝塔身直了,这才知道是太白金星遣牛王下界,借耕牛拉塔。只因有些人偷懒,不曾将牛喂饱,故而斜塔只拉了半端。

过了不久,法门寺一带发生瘟疫,作恶多端的乡约地保和一伙富家恶霸全生病死去。从此以后,法门寺一带开始太平起来,百姓过上了安稳的日子。而那阮玉却整日思念小青姑娘,待老母过世,他便卖掉了所有家业,径直上太白山去寻找那小青姑娘。据说那青羽小鸟复活后被太白金星召去,做了守护太白山上大爷海、二爷海、三爷海的净海仙子。

正是:

恣聚敛鱼肉百姓,漫漫青史多此类。

赴汤火膏泽斯民,茫茫今世其谁比?

神秘地宫几多遇难　良卿焚身化险为夷

法门寺地宫自唐懿宗咸通十四年(公元873年)最后一次开启迎奉佛骨,翌年,由唐僖宗送归后封闭地宫,直至公元1987年4月2日地宫被开掘,埋藏地下约1 113年。在此漫长的岁月里,中国社会经历了宋、元、明、清等历史更替,直到新中国成立,历史变迁的腥风血雨,动乱年月的蛇蝎横行,也使瘗藏于地下的法门寺地宫历经了几多劫难。珍藏佛指舍利的神秘地宫三次被人发现,而最终化险为夷,然而,有谁知道,这其中演就了多少人间悲喜剧,寄予了多少志士仁人为国护宝的赤子之情。

那是明代万历七年(公元1579年)一个阳光明媚的日子。当民夫历尽千辛拆除着唐代四层木塔地基,憧憬着重修新型砖木宝塔的时候,无意间,人们第一次发现了法门寺地宫天井盖板。在正午的阳光照射下,那堆放着金银器皿的地宫与日同辉,金光闪闪。当人们带着惊喜参半的心情,注目细看,只见井底有水银之池,金船泛于其上,船内置有盛放佛指舍利的金匣,池内还有金袈裟等。忠厚善良的民夫们立即将这意外的发现报告给了当时倡修宝塔的党万良、杨禹臣二人,党、杨急忙命人们原样盖好盖板,并用砂土夯实。于是,这件事就被悄悄隐藏过去。直到砖塔修成后,他们才将此事报告了当地州官。不知是人们慑于对"佛法"的威力,还是出于对佛祖的虔诚,地宫珍宝安全地度过了它的第一次危机。只是到了百余年后的清代,乾隆年间编修的《扶风县志》有一段颇富刺激性的有关地宫的记载,犹如诱饵,曾使一些欲贪浮财之徒长期为此垂涎不已。

据说在民国初年的军阀混战时期,有一个外号叫樊老二的军阀头子,曾率众兵屯驻法门寺,用大帆布围住塔基,并派岗戒严,在宝塔周围深挖数日,无获,悻悻而去。法门寺地宫又在冥冥之中度过了一次险情。

寒去暑来,光阴似箭。当中国的历史翻到民国二十八年(公元1939年)时,关中又一次倾遭大旱(1929年曾有过一次),再加之民国初年的军阀混战,法门寺几经灾难,已沦为一片废墟。那是一个天色阴暗的下午,灾情最严重的扶风灾童教养院的"华北总善会""华洋义赈会"会长,一个释权下野的国民党将军朱子桥,独自一人来法门寺礼拜凭吊时,只见山门颓毁,寺内荒草覆地,碑倒石卧,塔寺飘残,大雄宝殿三楹残旧,钟鼓二楼墙破顶露。真身宝塔也因地震发生倾斜,塔身上下已出现了长长的裂缝,好不荒凉衰败。朱将军目睹此情此景不禁怆然涕下,慨叹道:"天哪,这就是先人们为之虔诚供养佛指舍利的圣塔圣寺吗?"

回到寓所,他立刻奋笔疾书,写出了《重修法门寺真身宝塔义赈》一文,以华北慈善联合会名义和扶风地方联合,呼吁各界人士慷慨解囊,积极募捐,为国家和民族做一件大善事。

这件众人一致公认的大好事,在社会上一呼百应。资金筹

十四 神秘地宫几多遇难 良卿焚身化险为夷

好后，塔寺修建工程就于 1939 年 3 月动工，历时 3 年，将破残的塔、殿堂及山门修葺一新。

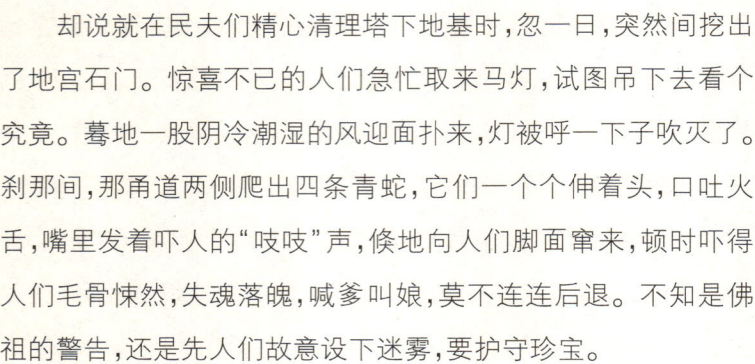

却说就在民夫们精心清理塔下地基时，忽一日，突然间挖出了地宫石门。惊喜不已的人们急忙取来马灯，试图吊下去看个究竟。蓦地一股阴冷潮湿的风迎面扑来，灯被呼一下子吹灭了。刹那间，那甬道两侧爬出四条青蛇，它们一个个伸着头，口吐火舌，嘴里发着吓人的"吱吱"声，倏地向人们脚面窜来，顿时吓得人们毛骨悚然，失魂落魄，喊爹叫娘，莫不连连后退。不知是佛祖的警告，还是先人们故意设下迷雾，要护守珍宝。

朱子桥将军闻讯火速赶来，将军连看都没有一眼，就严令立即将道坑填平，用黄土夯实，直到与地面一样平坦。朱将军才擦了把冷汗，长长地吁了口气。

于是，他把在场的所有人召集在大佛殿下，心情十分沉重地说："诸位父老，诸位兄弟，刚才有弟兄看到了不该看的秘密，这道理我朱某不用多说。请诸位看看现在是什么时候？日本鬼子已占领我华北，黄河风陵渡也快保不住了，日寇飞机连日轰炸西安。国难当头啊！我们这塔下可能藏着佛门的机密，也可能埋有金银财宝，这些东西一旦出土，在这战乱之年肯定会失散，一旦让这些宝器落到鬼子和汉奸手里，我们这些修塔的人就会成为人民的罪人、民族的罪人、历史的罪人、千古的罪人啊！我奉劝各位，必须严守机密，谁也不许泄露，否则别怪我朱某人不客气。这里我给大家拱手赔礼了。"朱将军含泪将双拳举过头顶，向在场的民工和当地父老一一作揖。顿时，民夫们全都感动得热泪滚滚，呼啦啦地一齐跪倒在地，对天鸣誓："朱会长放心，我们绝对不说出去！"

"谁要是把秘密传给外人,天打五雷轰,全家不得好死!"

……………

民族的危难,中国人的良知,一般人都有的爱国心,使地宫秘密始终未被泄露,释迦牟尼的真身舍利和中华民族的千年瑰宝又躲过了一次厄运。

倘若佛祖有灵,他也绝不会想到,自己曾为解救人间灾难,不辞劳苦,修行成佛,旨在教化人类当以善为,然而,他的那枚指骨在千年之后,还如此的命运多舛。人类的命运多像漂流于茫茫历史长河中的一叶扁舟,它随着历史的潮涨潮落而忽上忽下,躲过了一次灾难又迎来了一次更大的磨难。多么可悲啊!法门寺地宫的命运何曾不是如此呢?

历史无限,岁月匆匆。当中国的历史到了公元1967年,此时,在中国大地上掀起了一场席卷全国的史无前例的"文化大革命"。这是一个提就会让人战栗心寒的时期。当一群幼稚而狂热的红卫兵闯进法门寺时,法门寺又面临着一场劫难。

那是1967年古历六月初十,早晨阴云密布,良卿法师正在做早课。忽然间,从宝鸡市红卫兵军校和扶风中学,来了两卡车"红卫兵小将"。他们高举"破四旧,立四新"的标语牌,一律的军衣军帽红袖章,群情激昂地奔法门寺而来。冲入铜佛殿,棍棒、砖块齐下,顷刻间,肃穆端坐的释迦牟尼铜佛像,颔首垂脸的观世音菩萨,笑容可掬的弥勒大肚佛,神态各异的十八尊金刚罗汉……全都在他们的手下被"横扫"成碎片。

接着,他们又一窝蜂地涌进了寺院东北角睡佛殿。这位沉睡了千年、占地七间厦房的大睡佛,面对"小将"们的左右开弓却纹丝不动,照旧处在酣睡之中,砰砰啪啪,又是一阵"冲锋陷阵","小将"们怎么也奈何不了这尊大睡佛。

这时,走进来几个"造反派"头头,用他们那富有经验的眼光打量了一番尴尬的场面,眼珠一转,顿生妙计。他们立即带领几十名"红卫兵小将"来到当地宝塔大队的饲养室,强行拉出几十头牛,驱牛入寺,先把牛一字排开,再用十几盘麻绳层层地捆住大睡佛,驱赶着牛一齐向外拉,"轰隆"一声,大睡佛从巨大的青石睡榻上翻倒下来,顿时,狂热的"小将"们一齐扑上去,锤砸,镢砍,大睡佛被砸得粉身碎骨。

说来也怪,就在"小将"们乘胜追击,向大雄宝殿的释迦牟尼丈六金身扑去时,不知怎的,跨进门槛的几十个人都被绊倒了,有两个人还摔成了重伤。

一直注视着这场面的良卿法师,仍像原来一样,挺身坐在大雄宝殿的蒲团上,但他的内心却无时不焦急地关注着法门寺内发生的一切,此刻,他正两手合十,向佛祖祈祷。"佛祖保佑,法门寺平安!""佛祖保佑,法门寺躲过此厄运!"仿佛大寺内每一个敲击声,都落在他的心上。

第二天,批斗良卿法师的大会开始了。口号声响彻云霄。

"向几千年封建迷信开炮!"

"揪出臭和尚,火烧精神鸦片!"

"砸烂良卿的狗头,让他永世不得翻身!"

一阵批斗过后,紧接着是一次全线大清洗,"小将"们在"造反派"头头的带动下,冲进寺院见东西就拿。良卿法师的衣服、毛巾、茶缸、饭碗、筷子……日常生活用品全被拿走了;《维摩经》《瑜伽经》《楞严经》《华严经》《楞伽经》《律经》《涅槃经》《宝藏经》《密尊真言经》《孔雀王经》《金刚经》《妙法莲花经》……这些珍藏在上殿斗檐内的佛经也全被拿走了。这些都是珍贵的遗产啊! 良卿法师多么心疼。接着是十八罗汉像、三尊小铜像、一尊高7寸装在玻璃框架内的珍奇玉石佛像,这尊他入法门寺时由师傅朗照法师赠送的佛像,他视若生命,却被那可恶的红卫兵摔得粉碎……

良卿法师绝望了,大大绝望了!

这位中国佛教协会理事,抗战初期出家,早先在洛阳白马寺为僧,后又去长安南五台当主持,1952年陕西省佛教协会召集各寺院主持商议振兴法门寺,良卿法师踊跃出任,收拾那个烂摊子。他在法门寺一待就是十几年,整修了佛殿,筑起了围墙,正当的法事活动搞起来了,在他的辛勤操劳下,法门寺有了全新的发展。

他着实想不通,为什么佛教界人士均遭厄运? 为什么那么多珍贵文物遭到毁坏? 为什么宝贵遗产被破坏……莫非中华大地又要遭到"佛劫"! 罪过啊,罪过!

那夜,他就做起了自己临行前的准备。

1967年古历六月十三日,这是法门寺当地群众迄今记忆犹

法门寺传奇

新的日子。那天,良卿法师的最后一次早课还没来得及做完,"红卫兵小将"在那几个"造反派"头头的带领下,又一次闯进了法门寺。只见他们直奔真身宝塔南门洞下,良卿法师一下惊出了一身冷汗。"宝塔底下藏有佛骨,若被这些红卫兵挖走……天哪,这是造的什么孽呀!"

"小将"们雄赳赳、气昂昂,抡着镢头,挥着铁锨,在那长胡子人的指挥下,拼命地挖了起来,理由荒唐得极其可笑。

"这塔下有蒋介石特务的秘密电台!"

"有地富反坏右的变天账!"

小将们挥汗如雨,挖,拼命地挖。一层层夯土刨出来了,一锨锨黄土铲出来了,情况到了最危险的时刻!

良卿法师焦急得心都快碎了,豆大的汗珠从脸上滚下来。他毅然地走向斋室,从床下拉出早已准备好了的一大堆柴草,放在自己的斋室门外,端出自己的坐床放在柴上,又取出煤油泼在上面,打开木箱,取出那件平时只有举行重大法事时才穿的绛红色的袈裟,穿在身上,然后盘膝坐在柴草上放着的坐床上,点着了火……

"阿弥陀佛,愿佛祖保佑法门寺平安!"

…………

一股浓烟从殿后西厢房外滚滚喷出,浓烟狂怒着笼罩在法门寺上空。

"啊!着火了,快去救火呀!"

正在塔下挥舞镢头、锨的"红卫兵小将",看见浓烟,扔下手中的工具,一个个奋不顾身地冲向殿后。待他们跑到现场,一见那在火堆中端坐着的和尚,全愣了。他们自从出生以来,有谁见过这等令人目不忍视的悲壮场面呀!

良卿法师平静而安详地端坐在火堆中,手拨念珠,紧蹙着眉头,微闭双眼,嘴角微微抽动着,豆大豆大的汗珠雨点般地从他那古铜色的脸上落下来,袈裟已全部燃着了,一股焦肉味儿刺鼻而来。"红卫兵"傻眼了。

困惑、不解,不是说这老头是汉奸、特务吗?汉奸怎么不怕死,比我们"红卫兵"还"一不怕苦,二不怕死"呢?"红卫兵"们被这一场面震惊了,他们早已把什么挖"电台""变天账"抛到九霄云外去了,一个个垂头丧气地扔下工具,爬上汽车走了。

良卿法师升天了,法师以自焚的方式使法门寺地宫又躲过一次惨重灾难。据此后地宫开掘后证实,当时"红卫兵"挖的地层,距地宫藻井盖仅50厘米!

这是一种怎样的悲哀和怎样的庆幸呀!

据说那些"造反派"头头们,将良卿法师的衣物等日用品劫去后,全部掷入了原法门公社革命委员会屋后的一个枯井里。那些洗劫去的珍贵佛经被全部掷入了革委会的厕所。各种佛像在革委会存放不久,也被那些"造反派"的头头们拿到家里去了。

这又是一种怎样的荒唐和怎样的历史耻辱啊!

正是:

神秘地宫历险情,为国护宝名字馨。

法门几度遭劫难,耻桩永钉跳梁人。

十五

一朝兴盛一朝衰落　寄取几多佛恩民怨

　　明代万历三十七年（公元 1606 年），法门寺十三级砖塔，历经 30 年的修建，以其高峻、挺拔、壮美的雄姿矗立于肮肮周原上。这次还特意铸有青铜大钟一口。每当黎明，法门寺内浑厚的钟声一回荡周原大地，那些还处在甜蜜梦乡中的人们，便会即刻闻声而起。这时，只见晨雾在悠扬的钟声中散尽，朝辉在雄浑的钟声中洒满大地，农夫在那钟声中走向田野，商贾在那钟声中奔入街头，前来拜佛的信男善女们在钟声里期望着美好幸福的生活……到处呈现一片"法门钟晓"的升平景象。

　　当万道金光透过层层薄雾染就了一片彩霞，霞光辐射宝塔的时候，宝塔仿佛被涂过一抹橘色，此刻，人们站在它的背面向东方远眺，一幅宝塔日出图会梦幻一般地出现在眼前。当阳光就要驱散晨雾，射入大地，在那飘忽迷离的晨光中，法门寺真身宝塔与茫茫岐山、巍巍太白相辉映。如果拾级而上步入塔顶，广袤的关中平原尽收眼底，阡陌纵横，绿茵如毯。东可远观古城长安之壮观，南可远眺太白六月积雪之景致，西可遥望大漠边塞雄关之风情，北可近视乔山绵延起伏之秀丽。难怪清初诗人刘瀚芳曾触景生情写有诗歌《法门钟晓》咏道：

> 瞳瞳晓色未全分，
>
> 无限钟声入梦闻。
>
> 京兆虚传佛光表，
>
> 浮图依旧矗青云。

以真身宝塔为中心的法门寺，历代多属皇家专用寺院，它曾以其瑰琳宫二十四院的宏大规模兴隆于隋唐。然而，五代之后，由朝廷或地方州府出面修葺的大型工程则愈来愈少。明代万历年间，也只是重建了十三级宝塔，对寺院很少修复。特别是明代以后，法门寺又屡遭祸患，大部分建筑毁于战乱。法门寺多么像一位历尽沧桑的老人，阅尽了人间的兴盛衰败，这不正是中国几千年历史变迁的见证和我们多难民族的象征吗？

盛唐时代的气势雄宏法门寺已成历史。

法门钟晓的壮观场面只不过是记忆。法门寺今非昔比。这究竟是为什么？

明崇祯八年(公元1635年)八月九日，高迎祥、李自成率10万农民起义军围攻扶风城，法门寺在此时又遭战火。

清顺治九年(公元1652年)，扶风人党国柱重建法门寺钟鼓楼、大雄宝殿和卧佛殿。

清顺治十一年(公元1654年)元月初九，大地震，塔身受震向西南倾斜。

清乾隆三十四年(公元1769年)，重修法门寺、塔地震残损部分。

清同治元年(公元1862年)正月，回民起义军攻占法门寺，法门寺毁于火。

到了清代以后，法门寺已十分荒凉了。正如清人王豫嘉到

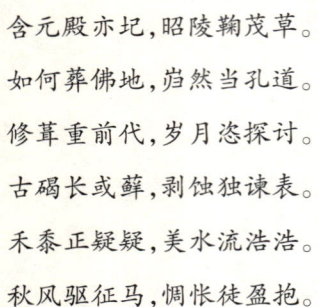

法门寺传奇

法门寺访古后,联想当时盛唐法门寺雄风及七次开塔迎佛骨的狂欢场面,不禁感慨万分,吟出的感怀诗中写道:

含元殿亦圮,昭陵鞠茂草。
如何葬佛地,岿然当孔道。
修葺重前代,岁月恣探讨。
古碣长或薜,剥蚀独谏表。
禾黍正疑疑,羡水流浩浩。
秋风驱征马,惆怅徒盈抱。

战乱、灾难,天灾人祸使法门寺一次次走向窳敝(yǔbì),也使我们的人民一次次经受磨难。

民国初年,军阀混战,民不聊生,法门寺中僧尼走失。此时,法门寺更显得一片荒凉和衰败。但见宝塔倾斜欲倒,大雄宝殿三楹残旧,铜佛殿砖残瓦烂;雕梁画栋烟熏火燎,漆皮剥落;钟鼓二楼顶露墙破,摇摇欲坍;整个法门寺山门颓毁,内外荒芜,石碑倒卧,苔藓生阶。法门寺出现了"久沾坛氅蝠鸽粪,早绝僧尼钟磬声"的冷落局面。

尽管法门寺几经磨难,但它就像苍茫大海中的一朵浪花,身不由己地随着潮流的涌进波浪式地生存着。它在普通老百姓的心目中,始终如一地占据着举足轻重的地位。在那"朱门酒肉臭,路有冻死骨"的年代里,在那"白骨露于野,千里无鸡鸣"的战乱岁月,在那"赤地千里,颗粒无收"的日子,老百姓除了求告大慈大悲的佛之外,谁能拯救他们呢?他们只有把自己唯一的希望寄托于自己理想的救世主佛祖身上,相信一生谋求解救众生的佛祖会借助自己修行高超的法力,惩治人间群魔,挽救自己于水火。也许这种希望非常渺茫,但在人无可奈何时,希望本身就含有对苦难的解脱。

这是一种怎样的解脱呢？悲乎！

正因为如此，一代代流传下来关于法门寺的好多传说，无不具有传奇色彩。

据传说，法门寺宝塔上的 88 个佛洞里，有 88 个金刚罗汉，这 88 个金刚罗汉是由 88 个长工修炼而成的。

那时，法门寺北边的乔山里有位大财主，此人骄横蛮霸，无恶不作。家有良田千亩，大房百间，可他还不知足，勾结土匪、地痞，夜间出外烧杀抢劫，白天又自办团练，借故逮杀百姓，人称"土霸王"。时日不长，乔山上的穷人被他杀的杀，赶的赶，整个乔山便全被他霸占了。于是，他便雇了 100 名长工耕种。长工们每日早出晚归，为他耕地，如果那个长工稍微不满或干活慢点，就要被土霸王的狗腿子毒打，几乎每年都有长工被打死。后来，100 名长工死的死，跑的跑，仅剩下 88 个了。

有一次，土霸王把一个乞讨的老头毒打后，叫狗腿子扔到山沟里。长工们收工回来知道后，就到山沟里找回奄奄一息的老汉，长工们给他喂水喂饭治伤。不久，老头渐渐地痊愈了。

话说老头伤愈后，对众长工感激不尽，忽问长工们说："你们想不想成仙？"众长工感到不可思议，便一齐笑道："我等穷得衣食难保，哪有钱吃斋烧香、诵经念佛？"老头道："你们跟我念一声就行了。"众长工觉得好奇便忙问："念什么？"那老头道："就念一声'阿弥陀佛'。"待到众长工一齐念过之后，只觉得脚下生风，飘飘欲飞，呼地一下便升到天上。待低头看时，只见脚下竟是片片白云，那老头领着他们来到土霸王庄子上空。老头轻轻吹了口气，刹那间，土霸王家大火连天，浓烟滚滚。从此这一带便没了人烟,亦不长草木,后来,人们把这座山叫火烧山。

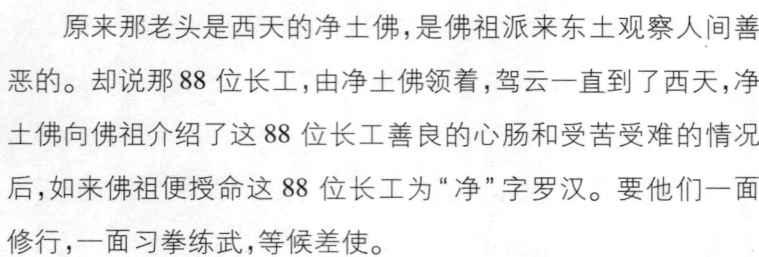

原来那老头是西天的净土佛,是佛祖派来东土观察人间善恶的。却说那88位长工,由净土佛领着,驾云一直到了西天,净土佛向佛祖介绍了这88位长工善良的心肠和受苦受难的情况后,如来佛祖便授命这88位长工为"净"字罗汉。要他们一面修行,一面习拳练武,等候差使。

不知过了多少年,当时中国的北方连年战乱,金国不断侵犯大宋边境,所到之处烧杀抢掠,毁圣戮僧。佛祖知道后,便立即派这88位"净"字罗汉重返东土,护守法门寺,并惩恶扬善、广施慈悲、造福天下。

话说这88位"净"字罗汉到达东土,便住在法门寺宝塔顶上那88个洞龛内。据说由于有这88位罗汉暗中保佑,法门寺一带一直很平安。

这法门寺北侧乔山西南有座高大的神水山,山峰之巅有座山神庙,院内有个又深又大的水池,四季碧波粼粼,清澈如镜。更为奇妙的是,这水池近看清纯碧绿,远远看去池上边却常年有云雾升起,且天愈旱云愈多。每年六七月间周原天旱时,田地里急需水,这时只要来场西北风,那云便会刹那间弥漫周原上空,由白变黑,降下一场喜雨来。因此,这儿世代风调雨顺,五谷丰登。老辈人们还说,当年周世祖选在这儿定都建邦,就看中了这点儿。那池和东海相通,只要这一带天旱,东海龙王从这池眼儿里便会知道,立刻布云洒雨,因而老百姓都把此池叫神水池。

可是,有一日,不知从何处来了个鳖大王,带着它的鳖子鳖孙们,霸占了这座水池。那鳖大王喜怒无常,生性独裁。平日,他想出来晒太阳,不许池水升腾,从而使这一代十年九旱;倘若它发怒,就会搅乱池水,霎时间便会狂风骤起,乌云翻滚,降下一场冰雹,把庄稼砸个稀巴烂。四方百姓无法,纷纷上山求雨,献来大批供品,这鳖大王觉得还有油水可捞,反倒更加助长了鳖子鳖孙的作恶气焰,越发兴风作浪。

却说住在法门寺宝塔上的88位罗汉,早就将此看得一清二楚,多次要求上山,收拾这帮孽障,可是寺中主持阿闷佛说,佛门以善为本,不可杀生。鳖们虽系恶流,亦是宇宙生命,万万不可杀生,只可设法教化,遂派净光菩萨前去说法,却被鳖大王痛骂了一顿。

这一年,又是久旱无雨,百姓们去求雨。那鳖大王忽然搅浑水池,顿时狂风暴起,乌云升腾,冰雹又要降临。见此,法门寺宝塔上的罗汉们忍无可忍,暗中商议一番,便秘密出寺向神水山驾云而来。到了神水山,他们隐藏在庙四周的丛林中,先派净土小罗汉变作一位漂亮的小媳妇,跪在山神庙前,上香磕头,祷告道:"山神大仙在上,小女家乡多日未落一点雨星儿,田禾全快旱死,望大仙多发慈悲,为小女家乡降点雨吧。"鳖大王在地中听见之后,登时气得七窍生烟,立声骂道:"哪个鸟男女在此乱言",只见呼地一个水柱从池中腾起,鳖大王从池中一跃而出,抡起一长柄板斧就劈将过来。待等斧起即落,忽见跪者乃一俊俏小媳妇,当下鳖眼一亮,起了邪念,收住板斧,摇身变作一个漂亮汉子,嘻嘻笑道:"娘子,我乃山神。要降雨不难,只要你我做场夫妻便罢。"净土小罗汉笑着打过一个飞眼,抬头掩面含羞带涩道:"行呀!只是奴家听说玉帝有旨,神仙不得娶妻。"鳖大王哈哈笑道:"屁旨,身在此山,我的话就是玉旨!"说着,鳖大王按捺不住地上前一步,扶起净土罗汉,拥将起来,并强施非礼。净

十五 一朝兴盛一朝衰落　寄取几多佛恩民怨

法门寺传奇

土罗汉顺势张开大口,朝鳖王伸过来的鼻子咬去,只听咔嚓一声咬掉了那鳖王的长鼻子。鳖王痛得大叫一声,惊呼上当。操起板斧就砍,净土罗汉挥起一柄佛杖就战,两方便叮叮当当打了起来。打了两个时辰,不分输赢。净土小罗汉大叫一声"上!"只见其余隐藏在丛林中的罗汉一齐飞将过来,那鳖大王一见大事不妙,且战且退,扑通一下跳入池中,众罗汉团团围池三天,鳖们再也不敢出来。

众罗汉回到法门寺宝塔上,不久,忽见西北天空立时卷来滚滚乌云,一时电闪雷鸣,冰雹盖地而来,遍地庄稼、草木皆横七竖八倒成一片。待众罗汉们又一齐飞到山神庙,鳖们又呼啦一齐潜入深水处,气得众罗汉们直跺脚。

是夜,罗汉们回塔后自怨自责,寻找如何潜水的本领。净剑罗汉突然想起阿閦佛枕头下的玉匣子中有颗避水珠,便对大家讲了,问可否偷来一用。众罗汉纷纷摇头,说万万使不得。这时有人提出借用,但又一想阿閦佛不让杀生,一定不会借的。无奈,众罗汉决定"偷"来一用。可巧,这些天阿閦佛出外云游,净地罗汉悄悄将那避水珠偷来,众罗汉立刻驾祥云奔山神庙而来。

这天适逢鳖大王做大寿。忽听守门来报:"大王,大势不好,法门寺众罗汉携带避水珠打将进来。"鳖王听罢,一个鱼跃前滚翻将起来,嘴吐一股黑烟,霎时间满地黑烟滚滚,众罗汉被迷糊得晕头转向,双目难睁。鳖大王领众孙一阵砍杀,直杀得众罗汉乱作一团。要不是慈光菩萨闻讯来相救,众罗汉难免死于非命。

却说那阿閦佛回到法门寺,见此大怒。当下将众罗汉拿来治罪,各鞭三千佛杖,减去仙寿三百年,并要将净地罗汉打入天牢。众罗汉一听大惊，一齐跪下求情，都表示愿代净地罗汉一死，只求佛祖设法除掉那群孽障，解救天下千万百姓苦人。阿閦佛终于被众罗汉的诚心感动，宣布免掉一切处罚，道："罢罢罢，就让我开一回杀生之戒吧。我这里有烈火炼得三万年的金砖一块，放于那水池之中，池水便会炼干，鳖精自会煮死。只是这金砖得需一位仙家热血浇洒方可有效。但这位仙家骨血一旦浇洒，从此就会脱离仙缘而降下凡界。"众罗汉一齐道："为救天下百姓，我等都愿献上热血，降下凡界。"说着个个卷起衣袖就要献血。阿閦佛更加被感动了，说："这样吧。你们每人献一勺血，合起来足顶一位仙家之血，但这样，每人都得减去一千仙寿啊！"众罗汉道："我等下凡且不怕，减千年仙寿有何难？"于是，罗汉们全咬破中指，将热血滴洒于金砖之上。等待众罗汉洒完热血，眨眼间，只见金砖射出万道金光，灼热烤人。众罗汉即刻驾云直飞神水山，把金砖往水池中一掷，只听池水吱吱作响，上下翻腾如沸，蒸汽齐涌直上，池中鳖精叫呼连天。一会儿，那水池便被炼干见底，留得鳖之腐肉腥味。

　　从此，这一带再无冰雹之害了。传说后来88位罗汉看到干旱，又求告阿閦佛说动东海龙王，重新向这池中注满海水。至今在法门寺北边的山里，还可见那池里悠悠碧波荡漾。

　　法门寺街上的老百姓还传说，法门寺钟楼上的那口巨钟下边一个花角檐上，有一个铁铸的铁牛，若哪年法门寺一带遇到冰雹，四乡百姓不论谁只要用锤在那铁牛头上敲几下，那铁牛便会飞上天，犄散乌云。立时浓云四散，红日高照。

　　这是一种怎样的理想和寄托呢？

法门寺传奇

正是:

皇家崇佛为社稷,百姓拜佛求解脱。

皇家敬佛随波流,百姓礼佛诚心一。

两兄弟孝母争相死　苏若兰诉情织回文

法门寺不仅得天时、地利、人和,亦人杰地灵。在这片古周原大地上,因为有了法门寺,也留下了诸多美妙传说,其中最有影响的要数织锦回文的传说和兄弟争死处了。

话说十六国前秦时(公元352—394年),法门寺所在地的美阳城南周秦坡有一少年,姓窦名滔,字连波,生得丰神秀伟,英俊潇洒。那窦滔自幼立志好学,经常在法门寺内习文练武,是法门寺一带文武双全的少年。距法门寺不远的苏家村有一少女,名惠字若兰,乃陈留县信苏道质之三姑娘。那若兰从小天资聪慧,心灵手巧。3岁认字,4岁能画,5岁能抚琴,6岁出口成章,7岁作诗,8岁会绣花,9岁能织锦,13岁上,描龙绣凤,纺纱织锦,吟诗赋词,棋琴书画无不精通。及笄之年,苏惠已出落成一个姿容美艳的书香闺秀,上门提亲的豪门巨富络绎不绝,但皆属庸碌之辈,苏惠无一看上。

却说苏惠16岁那年,正逢法门寺古会,她随父亲游览法门寺。待游到寺西池畔,见一英俊少年仰身搭弓射箭,嘎,一声轻响,天空一只飞鸟应声落地;俯身射水,池面顿时浮出几只带箭游鱼,真是箭不虚发。女孩子家心细,若兰环顾岸上,但见一旁

法门寺传奇

有一出鞘宝剑,寒光闪闪,下压几卷经书。见此文武之士,若兰心里自有三分欢喜,不觉渐渐春心欲动。若兰正被那少年的举动引得入神,忽听父亲呼唤,方才恍然大悟,顿时一阵脸红,遂嫣然一笑。问过父亲,方知那少年为当朝已逝右将军窦真之孙窦滔。若兰当下中了心意,便请父亲托人前去提媒,窦滔全家早闻若兰美名,当即满口应诺,换了庚帖,于是,双方父母做主,窦滔与若兰结为伉俪,时前秦甘露四年(公元362年)。

公元375年付坚做了前秦君主。因其颇有政治才略,选贤任能,纳谏如流,并任用汉人整顿吏治,发展农业生产,增加财政收入,扩充军力,于是统一了北方大部分地区。在此期间,窦滔吃粮投兵,因其颇具文韬武略,便很快被重用,升为秦州刺史。窦滔在任上政绩显著,屡建功勋,被奸臣嫉功妒能,谗言陷害,而徒放流沙(今敦煌一带)。临走时,苏若兰一直送他到法门寺北门外的"洗绫坑"边。两人相对无语,互相用眼神表达着夫妻情意。秋风轻轻荡起,拨乱了满池的秋水,往昔夫妻俩相亲相爱的绵绵情意如在眼前。秋风吹落了满树的黄叶,仿佛是他俩离别前留下的片片相思之情。临别时,夫妻俩信誓旦旦:海枯石烂心不变,待到来日再团圆。海誓山盟,挥泪而别。

自从窦滔走后,留下了若兰一片相思。每到那"洗绫坑"浣纱,她都会情不自禁,遥望西边的漠漠天空,思情愁意涌上心头。每到夜晚,她都要坐在窗前,凝视天边的明月,盼望窦滔早日回还。只见月亮圆了又缺,缺了又圆。时光如水流,不见亲人归。于是,若兰就把每日的相思写成一首首充满情感的诗保存下来。寒来暑往,春华秋实,这样不知过了多少时间,她竟写了7 958首诗。

那窦滔被放逐流沙后,不久,付坚南图灭亡东晋,想到窦滔的文韬武略,遂起用他为安南将军,随尚书令付丕攻占东晋襄阳。却说苏若兰自从窦滔走后,鸿雁传情,写了一封又一封信给窦滔,终不见回音。哪知窦滔得幸后早已忘了若兰,另寻新欢,宠爱一歌舞妓赵阳台。此事被若兰得知后,思念转为郁愤。把花前月下,椒房灯前,吟涌成如怨如诉、凄哀婉痛的 7 958 首情诗,织成 841 字的循环锦绣回文图,名曰《璇玑图》。

据说正月初的一天,苏若兰正在织机上如诉如怨地织造织锦回文,突然法门寺街上的社火队伍进入小巷,锣鼓喧天,人声鼎沸。若兰怕噪声搅乱了她的心思,随关闭门窗,又将一块大石头放入织机当中,顿时减弱了一些杂音。随后,她又专心致志地织起织锦回文来。回文织好后,若兰托人带给窦滔,窦滔读了这些情真意挚悲切感人的诗文,良心发现,遣离情妇赵阳台回到关中,具备车舆盛礼邀迎若兰至襄阳,从此夫妻情好如初。北宋诗人黄庭坚有诗云:

千诗织就回文锦,如此阳台暮雨何?

只有英灵苏惠子,更无悔过窦连波。

这幅苏若兰倾注全身心织成的《璇玑图》,为一块 8 寸见方的手帕。原图以红、黄、蓝、白、黑五色线织绣,整个图案五彩相宜,莹心耀目,共 841 字,纵横各 29 行。外围与内部井字图案,是红色字,上角纵横皆 6 字黑色。上下两方纵 6 横 16 和左右两方纵 13 横 6 各为蓝色。井字中心,上下两方纵 4 横 5 和左右两方纵 5 横 4 以及井内中心四角纵横 4 字和核心四边 16 字皆为紫色。核心纵横各 3 字为黄色。纵横顺旋反复逆读顺读皆成章句,可组成三、四、五、六、七言诗,共 7 958 首。每首诗皆对仗工整,韵律和谐,如怨如诉,情真意切。伤感处催人泪下,愉快处使人破涕为笑,可谓妙手天成。难怪窦滔读后,痛改前非,至今堪称夫妻乖离而又破镜重圆的佳话。

法门寺传奇

据传说《璇玑图》在社会上流传后,上至京城皇室,下至四方百姓,莫不称奇。人们奔走相告,互相转抄,学诵刻印。及至后代,许多文人学士,反复推敲,以求真意。我国第一个女皇武则天对此非常推崇,并亲笔作序,称其:"才情之妙,超古迈今——因述若兰之美才。"南宋女诗人朱淑贞作《璇玑图记》赞曰:"五彩相宜,莹心眩目——亘古以来所未有也。"《璇玑图》传到民间,乡间妇女皆学习织造。但因字体太难,不能一时学会,就按织锦的图形,织成彩线纵横的方形花手帕。《璇玑图》是若兰对忠贞爱情的心血结晶,乡间女孩,亦把手帕作为爱情的象征,在定亲时,悄悄送给男方一块,一来显示手巧,二来表示自己的钟情。直到现在,法门寺一带的乡间青年订婚,还有女方送手帕的习俗。

后来，当地人为纪念苏若兰，便把她织锦时住过的小巷改为织锦巷，把她当年浣纱的清水池塘起名"洗绫坑"。因为当年窦滔西行时若兰曾把丈夫送到此，人们又在法门寺小北门的边墙上嵌上"西望绫坑"几个砖刻大字，并将《璇玑图》照原样刻在一方大青石上，镶在法门寺北门外的一座大照壁上。人们还在窦滔的故居周秦坡上修了个织锦台。现在，压声石已失，但织锦巷和洗绫坑尚存。

据传明崇祯八年（公元 1635 年），关中一带贼人横行，到处打家劫舍，骚扰百姓，搞得民不聊生，有家难归，无事稼穑。一日，高迎祥领兵进驻法门寺，四方百姓多闻讯弃家逃跑。却说高迎祥驻兵后，挨门挨户查访百姓，只见家家户户空无一人，甚为不安，便立即命令兵卒，严守军纪，爱护百姓，并亲自到法门各大街口寻找路过之人，以申明大义，安抚百姓。

话说这法门寺街上过街楼附近住着一户姓汪的穷苦人家，家里只有哥俩和一个卧床不起的老母，母子三人相依为命。哥哥叫汪守仁，为人老实本分，每日只是苦耕庄稼，以侍奉年迈的老母。弟弟叫汪守义，长得虎气生生。兄弟俩孝顺老母，整日双双守在床头照料，为老人家捶胸抚背，端屎倒尿，周到备至。他们倾尽家产，到处求医问药，多无效果。后听说法门寺来了一名郎中先生，兄弟俩便请来给母亲诊脉配药，那老郎中按脉后说，老人得的是一种出水病，火候就在今日，若水出来，老人家就会病愈，若水不出来，则会身亡。

真是事逢巧处出，绳从细处断。就在这天，高迎祥领兵进入法门寺，街上人大多逃走，只有他们哥俩在家侍奉老母。时过不

十六　两兄弟孝母争相死　苏若兰诉情织回文

久,听见街上没有了响动,那哥哥汪守仁便对其弟守义说:"这队伍怕已走咧,怎听不见啥咧,你给咱出去看看。"汪守义刚走出家门,探头向街两旁眺望时,就被在过街楼下的哨兵抓住,这哨兵正为抓不到人着急,心想请功受赏的时候到了,一把抓住汪守义就骂:"我把你个×日的!怎么你们街上人都跑光咧,我要把你×日的杀了呢!"说着,举刀就要杀,汪守义吓得直哭叫,哥哥汪守仁听见哭声,急忙跑出来求告道:"老哥,你要杀把我杀了吧,我家还有一个卧床不起的老母,我兄弟在我娘跟前比我孝顺,你把我兄弟留下,让他伺候我娘。"汪守义急道:"我哥在我娘跟前比我孝顺,你把我杀了,让我哥伺候我娘去。"这哨兵一听感到好生奇怪,"唉,还有这等事呢?"举刀就把兄弟俩全杀了。却说那老母亲,出水病发作,高烧过度,一直处在昏迷之中,因无人照料,不久便气绝身亡。

那哨兵杀死汪家兄弟,便立即到高迎祥跟前禀报。本想请功,谁料高迎祥勃然大怒,骂道:"嘿,我把你这个坏种!我今天到关中来为的就是访贤人,你今天给咱把贤人杀咧!"遂命兵卒把这哨兵捆起来,亲自到街头寻访百姓,在法门寺街北门口,碰到一个正在逃跑的老头,高迎祥上前拦住老人道:"老伯,你不要怕。我叫高迎祥,是队伍的首领,刚才我部下杀了两个百姓,我甚为痛心,这都怪我管教不严,请你把你们街上人都叫回来,我向大家讲几句话。"老头一听,方知这是一支与众不同的队伍,就立在城门楼上喊:"喂,都回来,这兵好得很,不拿咱的一针一线。"听到老人的呼喊,人们三三两两慢慢往前靠近,胆大的走在前边,胆小的跟在后边。等到乡亲们都回来时,天色已晚。高迎祥见天色已晚,就对百姓们说:"请乡亲们先回家,明天早上再来这儿集中,大家不要怕。"

是夜,高迎祥思绪万千,面对部下滥杀无辜,他深表痛心,觉得无颜见关中父老。为应民心,高迎祥决定将自己全部士卒就地斩首,愿为汪家兄弟抵命。

翌晨,街上,高迎祥早早集合起自己一营军卒,列队集合在法门寺山门前,把那杀人的哨兵捆绑起来,押在最前边,待到百姓们纷纷赶来,高迎祥对百姓作揖后,略带惋惜地说道:"我高迎祥过去在陕北榆林一带,做过土匪,现在我已改邪归正,要为咱老百姓除暴安良,我这位部下无故杀死了咱们街上兄弟俩,请知道这兄弟俩姓名的,给我报来,我要为这兄弟俩立个牌匾。"汪家邻居们报告了这兄弟俩的姓名后,高迎祥差人写了一个牌匾,上书"兄弟争死处"五个大字,将其悬挂在法门寺街道的过街楼上。随后高迎祥又说:"我的兵卒杀了人,我愿以我这一营士兵向汪家兄弟偿命。"说罢,高迎祥便叫来斩首官,要杀死士卒。顿时,感动得法门寺街上老少妇幼跪倒求情,有年长者道:"汪家兄弟已死,人死不得复生,将军要杀就杀了那个哨兵吧,万不可杀了全营兵士。"高迎祥扶起百姓,十分痛心地说:"大家都起来,谁跪下都没用,我昨天晚上已想好,主意已定。"遂命斩首官执行命信。霎时,法门寺街众百姓慌了手脚,好几个年长者扑将上去,抱住众杀手,泣不成声。俄顷,法门寺山门前哭声一片,好不凄惨。呼!高迎祥一个箭步冲上前去,从杀手手里夺过大刀,亲自动手,从排头一气掠将过去,但见那惨相,一个个人头落地,一排排军尸倒下,头颅滚落遍地,尸体又叠作小山,血流成河,地面染成一片猩红。过后,高迎祥命百姓挖了一个大坑,把这一营军士的尸体埋在了法门街附近。

法门寺传奇

据说，高迎祥所立的"兄弟争死处"的牌匾，一直高悬在法门寺街的过街楼上，到"文革"破"四旧"时才被砸坏，那掩埋一营士兵的冢地在"文革"前夕还一直保存着。

正是：

千秋佛门功德地，贤女义男一并生。

图织心诚匾旌孝，悠悠今世复何人！

顷刻间真身塔崩坍　震惊呼地宫谜初探

中国的历史巨轮驶入了中华人民共和国的新纪元,公元1981年8月24日9时10分,在古周原法门寺的上空,突然爆发出一声巨响。它犹如平地升起的惊雷,震得地动山摇。

法门寺真身宝塔崩坍了!

那久积塔内的千年尘埃,从塔身上喷射而下,铺地遮天。顿时,法门寺笼罩在一派烟山雾海之中,伴随着那真身宝塔坍时迸发出的气浪、尘埃卷着佛经、小佛像在天空飞舞着。那弥漫的尘埃一时把天地染成一色昏黄,仿佛历史、现实和未来,刹那间联系起来,文明、愚昧和野蛮相形而现。

曾因清顺治十一年(公元1654年)关中大地震和1976年四川松潘大地震而严重倾斜、裂缝的法门寺真身宝塔,在连日来的瓢泼大雨侵袭下,其西南半面轰然塌下了。这声轰鸣仿佛宝塔的哀鸣,又宛如宝塔的呼号,也像是在向世界昭示向中国人显灵。霎时,它以其巨大的声响震惊了中国,也传遍了全世界。

雨后初霁,因数日大雨被围困在家的人们,被这声巨响唤出了家门,一齐向法门寺涌来。看着那半边坍塌的宝塔以及在空中飞舞的尘埃、佛经和地上的佛像,人们惊呆了。王子英,这

法门寺传奇

位扶风县驻法门寺文管所的县博物馆馆员,以他文物工作者的眼光首先意识到这些佛经是无价之宝。于是,他不顾一切地在泥泞中抢拾那些佛经。法门寺周围的群众纷纷加入王子英的行列。此刻,这里遍地皆宝啊!这些还没有卸下贫困重负的人民,没有一个人将这当做自己发家致富或获取浮财的大好时机。他们虽无高深的文化素养,但在他们朴素的心灵里,第一个想到的却是国家,大家把拾来的东西,都默默而有秩序地交给了王子英同志,有些还自愿地担当起了护塔员。啊!多么可贵、可敬而可爱的人民呀!正是有了他们,古国的历史大厦才如此坚不可摧!

法门寺真身宝塔的倒塌震动了中国,也惊动了世界,第二天,印度新德里广播电台就发布了如下新闻:

惊悉中华人民共和国陕西省法门大寺大圣真身宝塔,由于连日暴雨,于北京时间昨日凌晨3时57分不幸崩坍,印度佛教界同仁谨向法门寺长老致以诚挚的慰问并转告关切之情……

与此同时,日本、泰国、缅甸、尼泊尔、马来西亚、新加坡及美国、苏联、加拿大、民主德国、阿富汗、埃及、叙利亚等国家和中国香港地区的不同宗教信仰的组织和个人,纷纷向中国佛教协会、中国人民对外友好协会和陕西省宗教事务局发来电报,均致关切慰问之情。

法门寺真身宝塔倒塌后,扶风县文化局局长当即驱车前往省城西安,向陕西省文物局和陕西省考古研究所作了汇报。闻讯后,省文物局张廷浩处长一行抵达法门寺,他不顾个人安危,一直登上残塔倒塌物最顶部,察看现场情况,并且命人用塑料布覆盖了残破的塔基。

真身宝塔崩坍于当世,续写中华文明史、拆除残塔、重修释迦牟尼真身宝塔的历史重担理应落在我们中华人民共和国的肩上。然而,为修此塔,从1981年8月塔倒到1986年4月文化部正式批准修塔,韩金科(原县文化局局长)和他的同事们以及扶风县有关领导不知多少次驱车由扶风到省城,由省城到扶风,或由扶风到宝鸡,宝鸡到扶风,这样往返着。关于是否重修法门寺真身宝塔,陕西文物考古界众说纷纭,意见不一。有专家说,法门寺属明代建筑,文物价值不大;有领导说,法门寺就保存这个残塔好,更显得有风度……莫衷一是。这可急坏了韩金科和他的同事及法门周围的群众。韩金科在给上级的报告上写道:"法门塔建在我们祖先的手里,倒在我们这一代人手里。我们如果不把它亲手修起,那是我们的耻辱!那我们将成为历史的罪人、人民的罪人!"扶风县的县领导也感到不安,他们也在想,法门寺宝塔几千年,现在倒在我们任职之年,如果我们不修,任其残损,我们将愧对历史,也无颜见扶风乡亲。老百姓更是焦急。听说官方动工要拆除残塔,法门寺周围的群众赶来了,问:"你们拆了塔,修不修? 不修就不要拆。"明眼人发现了,新成立的是"扶风县法门寺拆塔办公室"。不对,这怎行! 一传十,十

传百,群众呼啦啦包围了"拆塔办",摆出一副挡驾火拼的架势。看,他们的队伍中,有鬓须银丝的老头,有缠着小脚的老太婆,有憨厚老实的青壮年,有怀抱婴儿的小媳妇……也许,迫于群众的压力,也许被群众的热情所感动,经上级同意,扶风县法门寺拆塔办公室改为修塔办公室。经上下努力,八方呼吁,终于在1986年秋,陕西省文物厅作出了重修法门寺的决定。

省文物厅重修法门寺文件下达之后,扶风县正式成立了以副县长李宏祯为组长,文化局长韩金科为副组长兼办公室主任,县博物馆馆长淮建邦为副主任的修塔领导小组,并抽调技术人员组成了法门寺修塔古建队。

拆塔工作在紧张地进行着,同时,省、地、县三家协议修塔的工作也在紧张地进行着。高大的卷扬机伸着它那巨人般的长胳膊,从50多米的残塔顶端,一块块小心翼翼地拆运着塔砖,被拆下来的明代塔砖像小山似的堆放在塔基周围。协议修塔工作终于有进展了,预计60万元,陕西省文物厅、宝鸡市民委、扶风县政府分别出资20万元。

1987年2月28日,陕西省、宝鸡市、扶风县的文物工作者陆续赶到法门寺,正式开始工作,从此法门寺的历史揭开了新的一页。拆除残塔,清理倒塌废墟工作在考古工作者的配合下,尽快地处理完毕后,便着手挖掘旧塔基。

连续多日,来自宝鸡市、西安市长安县韦曲镇和当地宝塔村的数百名民工,在省、地、县领导和考古工作者的指挥调度下,正进行着紧张而有秩序的战斗。工地上人们个个挥汗如雨,几乎忘记了休息。他们先取出一个10×10米见方的方阵向下发掘,因土方量太大,掘进速度太慢,又改为5×10米的长方形方阵向下挖掘。馒头用箩筐送下去,菜用铁桶送下去,人们顾不上洗手,把那沾满黄土的手在衣裤上蹭几蹭,便狼吞虎咽地随便吃点,又继续干了起来。一天,两天……终于,奇迹出现了。

1987年4月2日,这是一个值得纪念的日子。这天在现场挖掘的是长安韦曲镇和当地宝塔村的民工,扶风县修塔办的李宏祯、韩金科坐镇指挥,博物馆馆长淮建邦、博物馆馆员傅升旗和陕西省考古研究所的曹玮等同志全在现场。人们的目光,都不约而同地注视着塔基中心那巨大的台墩上,聚焦在那正在钻探的洛阳铲上。突然,在那深深的钻洞内,那筒状的铲刃上沾满了白色的石粉,这不正是钻铲碰上了石条的迹象吗?

"再往下挖,加把油,快到了!"韩金科说着,也亲自挖掘起来。大家被韩金科的情绪深深感染了,挖掘的劲头更大了。往下挖了约30公分,奇迹出现了。只见井筒内露出了一块巨大的方形汉白玉石板。石板中央刻一线雕雄狮,身子半蹲,虎视眈眈,微张的巨嘴内衔一大铁环。威风凛凛,好不怕人!那雄狮左脚前侧的汉白玉石板,已被打碎成两块,但仍然完好地缝合着。与此同时,南北走向的长方形坑内,也裸露出几块形状各异的石块。所有在场的人们,无不感到紧张而愉快。他们紧张,这个神秘的东西下边不知是凶是吉;他们愉快,辛勤的劳动终于换来了一个奇迹。

韩金科亲自动手,把那线雕狮石打碎了角石取开,果然,石板下露出一道小缝,大约能搁进一个拳头。霎时,缝内阴森森地直冲上一股冷气,他不禁打了个寒噤。"快拿手电来!"韩金科一声召唤,手电筒拿来了。当他俯下身去,将面部紧贴着那石板缝,亮开手电,注目望去,"啊!"韩金科抑制不住内心的激动喊

十七　顷刻间真身塔崩坍　震惊呼地宫谜初探

了一声。只见下边金光闪闪,光芒耀眼,在手电光的反射下,地下一堆堆小金块流光溢彩,全是叠得密匝匝的金银器,金子呀!

此刻,韩金科真不敢相信自己的眼睛,他觉得自己的心脏在那一刹那间停止了跳动,血液也停止了循环,他的神经全麻木了。

"啊,宝,宝,我们找见宝了!"愣了好一阵子的韩金科,失声惊叫了起来,但有点站不起来了。被他的呼唤震惊了的人们,连忙把他扶了起来,大家轮流着,欣喜若狂地竞相趴下去看这奇异景致。

激动、兴奋、自豪、感慨,目睹了这一壮观场面的人们无不百感交集。大家议论着,猜测着……这井筒下有地宫,地宫内有宝物,究竟地宫之门在何处呢?这又是个谜?

为了保护现场,保护宝物,李宏祯、韩金科立即用电话和扶风县县委、县政府取得联系,要求派保卫人员守护现场。

半个小时之后,扶风县公安中队全副武装的战士赶到了法门寺。他们跳下了汽车,即刻荷枪实弹,威严地守卫在挖掘现场周围,组成了任何不法分子也无法逾越的保护网。

就在现场,韩金科急速起草了一份挖掘报告,唤来一辆小车,直奔古城西安,驱车去向陕西省文物厅及省考古研究所汇报。

正是:

佛国灵光泻翠巅,地宫初现旧时颜。

欲知举世欢多少,看取周原竹尽斑。

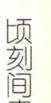

十七 顷刻间真身塔崩坍 震惊呼地宫谜初探

启洞门千年地宫敞　见天光无穷瑰宝现

却说考古工作者们发现法门寺地宫天井盖,探明内有千年珍宝之后,激动万分,兴奋不已,遂以井盖为中心扩大地面开掘范围,四处探测。经过一天一夜的紧张探寻,终于在距地宫井盖中心以南 20 米处发现了地宫甬道入口处。

令人难以置信的是,那地宫的入口竟如此之浅,第一级青石台阶距地面仅 50 厘米。更有趣的是,那入口的两侧,正好栽着两棵桶一般粗细的梧桐树。不知是先人们有意迷惑后人,还是先人们有意留下的标志,以暗示后人,这又是一个谜。

在此以前,人们以塔基为中心,在方圆百米处筑起了围墙。中国人民武装警察部队陕西总队宝鸡支队也派来一批全副武装的武警战士,巡逻于地宫周围。与此同时,陕西省考古研究所所长、全国著名考古专家石兴邦,也闻讯驱车从西安赶赴法门寺。

在考古工作者指导下,人们沿第一级台阶逐步往下挖掘清理,接着,出现了第二级、第三级……直至第十九级台阶,才靠近宫门,这个踏步漫道宽 2 米,长 8 米,乃一槽形甬道。清理完土质,只见整个漫道"金钱铺地",撒满了略带绿锈的大大小小的唐"开元通宝""乾元通宝"和隋五铢钱等。

当人们从踏步漫道的最下方开启,取掉坚硬的夯土,在深深的甬道底层,忽见一约两米见方青石铺地的小平台。平台上也像那踏步漫道一样,撒满了绿锈斑驳的各式铜钱。紧贴平台,露出一大截重叠相压的杂色石块,清理出来,正好18块。待搬掉那石块之后,一双扇素面青石门便立刻映入眼帘。只见这门高约1米,上有一偌大"铁将军"紧锁。锁已锈死。那两厢门枋由一整块青石凿成,做工精细无比,难得见半点缝隙。看那石门之上,刻有一行文字,是一些无法辨认的梵文咒语,此可能为打开石门的秘诀。再看那刻有咒语的宽宽门枋,非常吃力地支撑着一块半圆形平面汉白玉门楣,只见门楣上精工细雕着两只象征吉祥的线雕朱雀,形态逼真,相向展翅飞翔。

为了严守机密,保证安全,此后的一切发掘工作,均是在夜深人静时秘密进行的。为此,扶风县修塔领导小组还特意赶制了十余套下地宫穿的工装,将其穿上形如蛤蟆,人们打趣把它叫"蛤蟆衣",并规定每次下地宫必须穿着"蛤蟆衣"工装,3人以上方可入内。

法门寺传奇

　　1987年4月9日晚,是考古工作者们难忘的时刻。是夜,万籁俱寂。当他们怀着惴惴不安的心情,轻轻走下十九级台阶,小心谨慎地取掉那地宫石门上的大铁锁时,这个迷离了1 113年(从唐僖宗最后一次送归佛骨后封闭地宫至今)的地宫之谜终于被揭开了!

　　韩伟,是此次掀开石门、步入地宫的第一个人。当这位从事考古研究多年,经验丰富的陕西省考古研究所研究室主任,扭开生锈的铁锁,第一个跨进地宫,举起手电筒,向这座刚刚启开的已经封闭了1 113年的地下宝库照射时,顿时,一股强烈的盛唐时代的云烟气息扑面而来,他仿佛看到了那个时代奉迎佛骨的豪华场面,看到了佛教徒们的无比虔诚和敬意,看到了统治者为求得安稳而不惜耗费的巨大财富,也看到了那样一个被神学时代所统治的中世纪的中国风貌。

韩金科是紧跟着韩伟躬身跨进石门的。这位干练、果断、很有魄力的县文化局局长(现任法门寺博物馆馆长),自始至终站在地宫发掘工作的最前线。他刚进地宫,由于氧气的不足及连日来过度的劳累,突然感到一阵阵晕眩。他那本来就受过伤的右臂,在地宫内潮湿气流的冲击下略略有点作痛,他即刻用左手按捂了一下,又投入了紧张的工作。

初进地宫,是一段长长的甬道。两边石墙、天顶、地面,均用黑色大理石镶砌,白石灰塞缝。依然是"金钱铺地"。甬道的石壁面上,刻着许多人名和留言,且壁上多处有供养飞天、蔓草花纹。甬道最里面,并立着两通石碑。但见前一通上刻着《大唐咸通启送岐阳真身

志文》,记载着唐懿宗咸通十四年迎送佛骨的史实。后一通上刻着:《监送真身使随真身供养道具及金银宝器衣物帐》,详细记录了地宫内文物名称、件数、奉献人的名姓等,碑面均有楷书文字,字体飘逸大方,遒劲有力。

石兴邦按照预先的分工,有效地布置好队伍工作。他们清理的清理,记录的记录,制图的制图……照相机打开了,镁光灯亮开了,录像机转开了。此刻,进入地宫的每个考古工作者,都是紧张而兴奋的。他们为一生中能最初步入这千年人类历史文

化宝库而高兴,更为我们祖先当年的盛极一时而自豪。

　　破晓时分,天边露出了一抹鱼肚白。当梦乡中的人们被晨曦唤醒的时候,这些劳作了一夜而未合眼的探宝者们,此时才感到了一丝倦意。他们太累了,连日连夜地工作,吃不好饭,睡不好觉。但是,他们只歇了一会儿,又迎着东方升起的万道彩霞,投入到新一天紧张的工作中。

　　那甬道内两通石碑的后面,又是一个1米多高的双扇石门。门上各刻一尊线雕菩萨,那菩萨造型精美,生动逼真,神采飘逸。两尊菩萨足下,各乘一团腾空莲云。但见左面那菩萨手扬指尘,凝视浩瀚天庭;右边那菩萨双臂交叠胸前,右手轻拈一个斜倾的净水圣瓶,秀目微皱,俯视漫漫广域。

　　待等打开这铁锁紧锁着的第二道石门,又见一四面用大理石砌成的长长隧道。这便是地宫前室,它长4米,宽约1米。室内除地面铺满铜钱外,还放置着数百件镶金带银嵌

圭挂珠的丝绸织物。其中有上百件皇帝赐给的极其珍贵的金银线袈裟,还有唐王朝历代皇帝、皇后以及妃子赐给的大批衣物,如鞋、帽、被褥等,并有中国历史上第一个女皇武则天所赐的绣

裙。置于前室中央的一座高约 40 厘米的汉白玉雕刻物四铺菩萨阿育王塔，格外引人注目。但见那塔外呈上方塔形，由底座、塔身、塔顶三部分组成，从上到下精雕细刻，庄重秀美。底座为数层莲花瓣相叠的须弥座，塔身四面各刻有二尊端正秀丽的菩萨像。塔顶呈葫芦形宝刹尖顶。整个塔体看上去洁白如玉，相映生辉。但等揭开那塔顶，见一亭式铜精舍，内置丝绸包袱。塔的周围，遍布五彩斑斓的高级丝织品。塔后两侧，各蹲一汉白玉雕金毛狮子。

等仔细寻觅，忽见此室后壁上，又现一铁锁紧锁的石门。东侧门扇上是一彩绘的手执巨斧的大力士，西侧门扇上是一彩绘的手握宝剑的大力士浮雕。打开这第三道石门即为中室。这中室大约长 2.7 米，宽 1.5 米。置于室中央的是一汉白玉双檐灵帐，灵帐浮雕彩画精湛。那帐前放鎏金象首金刚镂孔盖五足铜香炉，香炉东侧有一高约尺余的灵光闪耀的青釉八棱净水瓶。灵帐上披三领金袈裟，金袈裟旁，放有一双光彩照人的金鞋。那灵帐之后，有一银边木漆箱，箱内安置着真身菩萨，通身挂满串串五彩珍珠，坐于一俉大鎏金银莲花上，手捧一面珍珠镶边长方形雕花金匾。菩萨座下有奉献给它的蹙金绣袄、袈裟、案裙、拜垫等小件衣物，又有一具 50 厘米高的巨型宝刹式镂花鎏金银香炉。在银香炉下，又有一高 30 厘米、直径 40 厘米的圆盒形金银棱檀香木箱。打开箱子，只见里面放满了稀世罕见的唐代秘色瓷器，有杯、碗、盘、碟等 13 件。帐左右两侧堆放了大量丝织物。

法门寺传奇

再看那后墙之上,又有一石门。石门两侧有一对座下压小鬼,手持斧剑,身披铠甲的圆雕彩绘天王像。只见那石门亦有铁

锁门神。东门之上,乃一尊执巨斧的浮雕流云天王。双双威风凛凛,杀气腾腾。此室即是后室,亦是"真身宝塔"的地宫中心。打开后室石门,借着光线望去,只见里面是一片金银珠宝之世界。黄的,金光灿灿;白的,银光闪耀;玉的,玲珑剔透;圆的,珠光串串……珍宝盈室,五彩缤纷,令人目不暇接。但见这室长约1.47米,宽1.37米,顶部中心即为地宫的天井,汉白玉井盖雕琢成复莲瓣天龙衔环藻井,环上用银钗勾连着鎏金银丝编织的复荔花瓣垂莲藻井。室内正中偏北处,放置有一八重宝函,两侧有

一对圆雕彩绘天王护持。第一枚佛骨即安置其中。国之瑰宝,举世罕见的迎真身银金花十二环锡杖、鎏金鸳鸯团花双耳圈足银盆、鎏金卧龟莲花纹五足朵带环银香炉和鎏金双凤衔花五足朵带炉台等大量金银器、玻璃器等都放置在此。细看那迎真身银金花十二环锡杖,通体涂金刻花,杖首由垂直相交的银丝盘曲成两个桃形外轮,轮顶的仰莲流云束腰座上托智慧珠一枚,外轮中心的杖顶有忍冬花、流云纹仰莲瓣组成的三重佛座,其上承托五钴杵与宝珠,杖心中空,錾刻明手持法铃,身披袈裟,立于莲台之上的缘觉僧像十二体,衬以缠枝蔓草鱼子地纹,以 58 两银,2 两金铸成,精妙绝伦。錾刻晓示:此杖是咸通十四年(公元 873 年)懿宗为了迎送佛骨舍利,敕令宫廷工匠花费了 8 个月的时间专门制作的。

后室向下挖至 30—50 厘米处,又出现了大批的唐代以前的古铜钱币。后室向北 50 厘米的

十八 启洞门千年地宫敞 见天光无穷瑰宝现

法门寺传奇

墙壁上,以方砖砌成一小龛,约28厘米见方。龛南口用砖封闭,启封后,内置织金锦包裹的铁函一枚,第三枚佛骨就放置于此函之中,此即"秘宫",释迦牟尼的灵骨即置于内。

  法门寺地宫的重见天光,不仅是我国乃至世界佛教界的空前盛事,亦是人类文明史上的一件大事。而这次法门寺地宫中出土的大批珍贵的丝织品、金银器、琉璃器、秘色瓷器以及石刻造像的品种之繁,数量之多,规格、等级之高,保存程度之完整,均属世界之罕见。这不仅是我华夏文化源远流长的标志,亦是我中华儿女智慧绝伦的象征。

  本次法门寺地宫出土的唐代精美丝织物约700多件,主要有袈裟、袄、鞋、冠、裙、拜垫等,花色共有100多个品种。其中加金丝物极为丰富,是唐代织金锦之首次发现。锦上的捻金丝最细的,直径仅0.1毫米,而在科技发达的今天,世界上金丝加工最细也只能达到0.2毫米,可见我国唐代时金丝加工技术高超卓绝。这些唐代丝织物的发现,不仅为研究中国古代服饰史、纺织史和编造技术史提供了重要的实物资料,而且亦可看出我国丝织品在当时世界上所产生的巨大影响。

　　法门寺出土的金银器皿大约121件(组),主要分为佛教法器、供养器、生活用具三类。法器中有鎏金两面六环铜锡杖,两面十二环金锡杖,迎真身银金花十二环锡杖,其中长1.96米的迎真身银金花十二环锡杖,乃迄今发现最长、规格最高的锡杖,比现藏于日本正仓院长1.75米的白铜头锡杖,制作更精良,等级更高。出土的四件钵盂有,鎏金团花小银钵盂、鎏金团花银钵盂、嘉陵频伽纹纯金钵盂、素面金钵盂。特别以唐懿宗制造的素面金钵盂,体重形大,金光灿灿,是价值连城的国宝。而金银丝结条笼子的出土,又证明了我国早在唐代就有了金丝编织的高超工艺,从而改变了人们以前只知宋代才有此工艺的看法。而地宫的茶碾子、茶罗子、茶砣轴等稀有之物的出现,则说明了日本"茶道"吃茶的习惯源于中国唐代,中国是茶之故乡。

　　地宫中出土的琉璃器约20件,其数量、品种之多,完整程度之高是国内首次发现。地宫发现的13件秘色瓷器,堪称瓷中瑰宝。唐代的瓷器中,按釉色不同分为白瓷和青瓷两大系列,青瓷

法门寺传奇

以越窑瓷质量最高,而越窑瓷中又以秘色瓷最为有名。这些秘瓷均具有越窑瓷的特征,其盘子边缘镶有"银扣",外壁平脱金银团花,和历史记载宫廷用瓷、贡瓷完全一致。这批保存完好的秘色瓷器的发现,揭开了秘色瓷器不示人的千古之谜。

　　法门寺地宫,堪称唐代文物精华的地下宝库。它是我国古代劳动人民的智慧结晶,对研究中国的社会政治史、文化艺术史、宗教史、科技史、中外文化交流史都具有极其重要的历史价值和现实意义。

正是:

周原残塔草葱茏,孰料犹存地下宫。

瑰宝琳琅惊寰宇,千秋文物见唐风。

宝塔雄姿再惊世界　舍利神光重罩人间

话说法门寺地宫掘宝的消息,不翼而飞,很快在扶风县、陕西省及至整个中国大地上传播开来。人们纷纷以各种不同心理在议论着,猜测着,等待着……

是夜,正是公元1987年5月4日(古历四月初七)之夜。此时,法门寺地宫出土文物的清理工作,正在坐落于扶风县城关正街东头的县博物馆内紧张而有序地进行着。在这个古色古香的由城隍庙建筑群组成的县博物馆里,省、地、县的考古工作者正在分头工作。同时,还有从北京专程赶来的考古专家王予予和王亚荣。他们那满面春风的表情,他们那娴熟的动作,都带着一种即将揭开千年历史之谜的自豪和重新绘制一幅新的历史画卷的喜悦。

此刻,在扶风县博物馆的朱红色大门之外却是另一番动人的场面。那些被这一振奋人心的消息唤来的人们,在博物馆门前,汇成了一片海洋。这里面有干部、工人、农民,也有老人、妇女、儿童……尽管县博物馆的红漆大门紧锁着,外边是一排排持枪守卫的武警战士,戒备森严,但是,人们仍熙熙攘攘地不断拥挤着,议论着,窥探着,都以焦急而迫切的心情,想先睹为快,亲

法门寺传奇

眼看看那些国之瑰宝以饱眼福。这里面凝结着我们民族文化心理的自豪和惊悸。人们三个一堆、五个一群，相互传递着他们各自打听来的信息以及传闻。有的说："法门寺出土的宝贝能拉几卡车。"有的说："听说法门寺出土的宝贝到了晚上偷着给西安运，车上坐着武警，车头上还架着机枪。"有的说："法门寺珍宝的价值，可以买一个纽约。"一时间人们把法门寺说得神乎其神。与此同时，有人则从另一角度考虑说："法门寺那宝，是老佛爷的，这一掘去，恐怕老佛爷要降罪的！"也有敏感之士说："宝是咱扶风地下挖出来的，别让省里或中央给弄走了！"……

不管外面怎样喧哗，博物馆内考古工作者依然紧张而有秩序地工作着。

就在这时，曾安置于地宫后室的八重宝函被打开了。那最外层为一长宽各20厘米的银棱盝顶黑漆宝函。但见这宝函用极珍贵的檀香木板套成,雕花银边,通体乌光铮亮。看那四周分别精雕着释迦牟尼说法图、阿弥陀佛极乐世界图、众罗汉图、高僧礼佛图。幅幅色彩斑斓,精美绝伦,生动逼真,栩栩如生。其正面有一鎏金的锁扣,上悬精美的金锁,并插有一金钥匙,钥匙上系红绸一条。

当王予予教授轻轻地揭起那函盖,但见里面一片黄白交错之光扑面而来。那里面乃一鎏金顶银函,它用一条约50毫米宽的绛黄色绸带十字交叉紧捆着。虽历经千年,绸带仍完整如新,光泽鲜艳。待解开绸带,又见函外用平雕刀法刻满的画面。函顶为百鸟拜日图,正面是北方大圣毗沙门天王,左面是东方提图赖托天王,右面是西方毗卢勒义天王,后面是南方毗卢持义天王。函上仍有金锁金钥匙一套。

等打开那第二重宝函,似有一片银光扑面。这是又一鎏金坐佛银宝函,其顶和四面均刻着数座稳坐莲花宝座之佛像。

再看那宝函之内,又套一纯白臂观音函顶宝函。函盖面上是四只绕中心追逐的神鸟,中为四部圣法交错怒放的西番莲蓬。函身雕有数幅圣贤大德佛祖图。见那正面为一奇妙的六臂观音图,正两手交叉分置于胸前,后面四臂手环形伸向云天。她坐于莲台之上,两侧有天女散花,还有鹤舞松林,好一幅大慈大悲的观音救世图。函之左侧为文殊菩萨坐狮图,函之右侧为普贤菩萨坐像图,函之背为帷帽菩萨坐佛图。其背面的四大菩萨被表现得惟妙惟肖,神灵活现。

…………

再看那第六层宝函,但见闪现出一片五彩之光。此为金筐宝钿珍珠装宝函。这重宝函为纯金雕铸,上面铸满神异图画,其

十二棱二十条边和函盖、函身皆镶满各色宝石。红宝钿、绿宝钿、翡翠、玛瑙女金石。函盖顶和侧面是用红、绿两色宝石镶嵌成的大大小小的莲花。函身四面均用绿松石各镶两只美丽的鸳鸯及花卉，连金钥匙的金链带上，也用三色宝石镶嵌上玲珑团花。真是光芒耀眼，光彩照人。

待看那第六层宝函之内，有银光闪烁，细看是装着宝钿珍珠装碱砆石盝宝函。通体装满珍珠，且是真金和碱砆美玉镶嵌而成。高10余厘米，长宽各约7厘米，以精致的雕花金带为边，那晶莹透亮的碱砆石板，莹若银雪，亮若明月星辰。

等打开第七层宝函，内放一小巧玲珑之金塔，高10余厘米，塔顶飞檐高翘，金光闪闪，金砖金瓦层层逼真。塔身四壁均刻有人物图画，并有四扇可以开合的小门。金塔座上，有一小银柱，仅高1厘米。盘口细劲鼓腰状，喇叭口径处雕有十二朵如意云头，鼓腰上二平行线连为四组三钴纹杆状十字团花，衬以珍珠纹，腰底为莲瓣形，银柱托底也呈八瓣莲花状，间以三轮纹，柱上还有一墨书小字"南"。就是在这根小银柱上，套着一枚偌大的佛指骨。

十九 宝塔雄姿再惊世界 舍利神光重罩人间

"啊！佛骨，佛骨舍利！"在场的人都禁不住欢呼雀跃起来，兴奋、激动，惊喜若狂。

仔细看，但见那舍利：上齐下折，高下不等，三面俱平，一面稍高，中有隐迹，色白如玉少青，细密而泽，髓穴方大，上下俱通，二角有文，文并不彻。在室内柔和的灯光下，显得神妙奇特，颇具灵光异彩。

当王亚荣教授怀着无比兴奋的心情将这枚佛指舍利一测量，重16.2克，高40.3毫米，上粗17.55毫米，下粗20.1毫米。专家们将它与地宫碑文反复勘验，与记载完全相同，证明它确系佛祖真身指骨。来自全国的考古学专家教授们一致认定，按其在中外考古史上的特殊地位，命名该舍利为中华人民共和国特级一号文物。

至此，这一迷离于地下1 113年的历史之谜，终于在20世纪80年代中国考古工作者手中揭开了。

此刻，当这些被佛骨舍利的发现震惊得喜出望外的人们，从紧张的工作中松了口气，看看表时，时针正好指在公元1987年

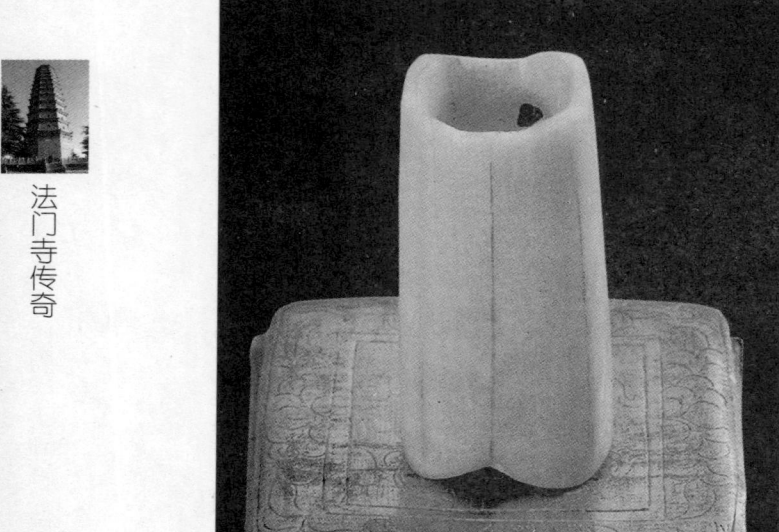

5月5日凌晨1时。

"啊！5月5日，不正是古历四月初八吗？四月初八，正是佛祖诞生的日子呀！"不知是谁，首先这样惊呼了一声。人们不由为之一怔。是啊，今天正好是"佛诞节"呀！

公元前565年四月初八（古历），释迦牟尼诞生。

公元1987年四月初八（古历），释迦牟尼佛骨舍利在第2552个"佛诞日"之初重新现世。历史怎么会这般巧合？谜一般的神奇，谜一般的奥妙，谜一般的具有传奇色彩。

这夜，星光灿烂，春意浓浓。一场新的文物清理工作又开始了。这次重点是珍藏于地宫的汉白玉灵帐。但见那灵帐雕饰华美，以浅浮雕手法在帐身外四周雕琢佛幡、佛铃、珍宝等串饰，四角均有联结华柱，帐顶每面刻7位名僧大德，其中14位有墨书题名。帐座为须弥座,满饰流云纹,其下有禅床,每面刻托座金刚力士,帐身内壁每面刻二体薄浮雕菩萨,神态生动,活灵活现。

看那帐内有盝顶铁宝函一枚。当打开那铁函,内有一木盒,木质腐烂,被红黄色的泥土紧紧地固定于函中。待启开木盒,内有彩绢九层,花色各异。当人们把最里层的彩绢取开时,忽见一具闪闪发光的鎏金银棺跃然而出。

再看那鎏金银棺,前高后低,盖成瓦状,棺盖前端雕五彩花冠一顶,中间是两只拖着长尾巴的美丽凤鸟,比翼齐飞,后端饰云头花纹。那小小的银棺板中间开有两扇精致的小门,挂一把小巧的金锁,左右两侧门扇上各镶三排九颗宛如金星的小金钉,且各雕一位执幡童子,童子头上有数朵彩云。小银棺后档上雕有一对披发金毛狮,足下流水纹成万顷波涛。棺身左右两侧棺

法门寺传奇

板上,各雕一位守卫银棺的金刚大力天王,左执剑,右执斧,好生威风。但见这银棺,置于一座极其漂亮的雕花金棺床上。棺床成壶门座形,前后分别有五座月形堂门,左右两侧是雕花帘帏。棺床上,铺数层黑色绸绢,绢上织柳叶纹金花。

当那银棺棺盖轻轻启开,只见棺内艳丽如新的织锦上安卧着一枚佛祖指骨舍利。其大小、色泽、形状、骨质与第一枚舍利相似。此时,正是5月9日凌晨2时。

5月10日8时许,考古工作者又于外裹织金锦的铁函内发现了第三枚舍利。此铁函内依次为鎏金45尊造像盝顶函、银包角檀香木函、嵌宝水晶椁、壶门座玉棺。鎏金45尊造像盝顶银函上,錾刻有"奉为皇帝敬造释迦牟尼佛真身宝函"字样,函盖上为千佛绕毗卢遮那佛图像,函身四面依次錾刻有东方阿閦佛、南方宝生佛、西方阿弥陀佛、北方成就佛,四周围绕三钴杵纹样。水晶椁盖上镶嵌黄蓝宝石各一,体积硕大,炫彩耀目。这枚舍利的外函不中看,又放置于不易被发现的壁下小龛中,实属"秘藏"。它与其他三枚舍利的区别是,有较强的骨质感,乃一枚佛祖真身指骨舍利。

第四枚舍利,放于阿育王塔中。宝刹高耸,斗拱俱全,四门八窗,勾栏焕烂,门列力士,柱饰金狮,阶墀精巧,气象庄严,佛光南禅,莫上于斯。这枚舍利安放于罗面绢里夹袱包裹的嘉陵频伽壶门座银棺中。

法门寺地宫一下发现了四枚佛指舍利。这一消息,顿时震惊了中国及中国佛教界,亦震惊了世界及世界佛教界。

公元1987年5月18日至23日,是法门寺历史上又一非凡而值得铭记的日子。那些天,全国佛教界、历史界、考古界的著名人士,云集法门寺。中国佛教协会主席赵朴初老先生,刚刚出访回京,风尘未洗,便抵达法门寺。这位中国佛教界和文物界最富权威的老人,鉴定后认为:法门寺地宫出土的这四枚佛指舍利,第一、第二和第四枚佛骨,应是"影骨";第三枚系"灵骨",是释迦牟尼留给后世的真身遗骨。老先生还进一步解释说:"'影骨'是特为保护'灵骨'而用玉石模制成的,在佛家看来,同样是释迦牟尼的圣骨,是佛的真身舍利。"

十九 宝塔雄姿再惊世界 舍利神光重罩人间

目睹了这些光怪陆离、稀世罕见的文物,专家、教授们通过鉴定,一致认为:法门寺地宫发现的文物乃国家一流文物,被定为一级甲等。

法门寺地宫发掘出了珍藏千年的四枚佛指舍利和大批唐代的稀世珍宝,立谈之间,名声大震,引起了中国乃至世界佛教界以及佛学研究界、文物考古工作者和旅游者们的观视。它不仅成了佛教徒礼佛朝拜的圣地,而且将为更多从事佛学的研究者提供场所和资料。

法门寺传奇

　　法门寺出名了。它的出名也使扶风父老乡亲,特别是法门寺四乡群众无比荣耀,他们为生养自己的故土上有这么多的瑰宝而自豪。然而在欣慰之余,人们也感到微微的不安。在那掘宝的日日夜夜里,他们的心仿佛随着那钻探民工们的"洛阳铲"的节奏一齐跳动着。在那一个个不眠的深夜,考古工作者在围墙内紧张地工作着,法门寺四乡的乡亲们也在不眠地等待着。他们当中有好些人摸着漆黑,爬到寺院附近高高的大树上,日夜巴望着。此刻,老百姓的心脉和考古工作者以及我们时代的脉搏同频率地跳动着。

　　那是一个让人感动而又叹惋的场面。省文物局为了确保法门寺出土文物的安全,决定将法门寺文物暂收省里保管。那天,省里派车来到法门寺拉两尊石碑,出师未行,却遭到法门寺乡民的围攻。有些花发老人竟躺倒在汽车轮胎前,不让把文物拉走,大家都有一个心愿:"文物是法门寺的,理应放置于法门寺,不能让上边拉走。"可以理解,他们对这片古老土地上的一草一木都有着深厚的感情,然而他们的行为做法又有些偏激!

　　同样是这些人,当他们听说要扩建法门寺时,这些平平常常的人们,把他们从父辈那里继承来的祖祖辈辈赖以生息的如黄金般珍惜的庄园让了出来,自己宁愿后退300多米,在昔日的荒野地里另筑庄基。这对于我们这个一向留恋故土的民族来说,是多么不易啊!

　　这是一种怎样的渺小和伟大呢?

　　这是一次怎样的失大体而又识大体的表现呢?

　　公元1987年5月29日,亦是法门寺历史上值得欣喜的时刻。这天,为法门寺地宫出土文物而举行的中外记者招待会在陕西省政府黄楼召开。中华人民共和国在此向全世界庄严宣布:法门寺出土文物是继秦始皇兵马俑之后的又一伟大发现,是世界文化史上的一件幸事。

十九　宝塔雄姿再惊世界　舍利神光重罩人间

至此,法门寺经修葺,重建13级真身宝塔后,于公元1988年11月9日(古历十月一日)向国内外全面开放。这天中国佛教协会、陕西佛教协会、宝鸡市佛教协会和扶风县佛教协会联合在此举办了国际性的"释迦如来真身舍利瞻礼法会"。国内僧

尼佛徒和来自新加坡、缅甸、泰国、日本以及美、英等国佛教界名流都来法门寺参加了这一活动。

是年年底，法门寺接待中外朝圣、观光、旅游人数达100多万人。

法门寺地宫出土的大批文物举世瞩目，震惊中外。中国佛教协会主席赵朴初老先生，这位已近耄耋之年的老人，观看了法门寺地宫及其珍藏的千年瑰宝之后，不禁心潮激荡，诗兴大发，遂欣然执笔吟作《扶风法门寺佛指舍利出土赞歌》一首。诗云：

我昔两次送佛牙，巡游缅甸与楞伽，
举国上下争迎拜，倾城迟野持香华。
今年浴佛迎舍利，雷音普震人间世，
不期佳讯联翩来，宝藏初开法门寺。
我于是夕南天行，七日周游曼谷城，
瞻和梵宫参白足，佛国王民仁且亲。
福德因缘恒自幸，归家又得扶风信：
从地涌出多宝龛，照古腾今无与并。
席不暇暖来西安，庆功劳苦宾主欢，
示我录像幻灯片，恍如置我唐贤间。
飙轮往返四百里，塔空亦可生欢喜，
不有坏空安有成，他年待看凌云起。
降大隧兮入地宫，深深宫室闭三重，
岂知漆黑沉沉里，八部天龙拥大雄！
玉棺启见佛指骨，曾使唐皇泪盈目，
想见当年丈六身，一弹三界群魔伏。
凝视莹莹润有光，不同凡质千年藏。

影骨非一亦非异,了如一月映三江。
金银琉璃众宝器,精微工巧辉煌极,
金缕袈裟待展开,天衣遍覆无边际。
勤劳智慧叹先民,妙手所到如有神。
密藏加护赖佛力,多劫能留稀世珍。
千载胜缘逢盛世,好将佛事助文治,
天人学究集群贤,财法兼施劝多士,
重现庄严争寸阴,护持法物重微尘,
心光常注近及远,事业毋忘后视今。

十九 宝塔雄姿再惊世界 舍利神光重耀人间

法门寺文物无一失　黑社会集团徒手归

　　法门寺地宫出土的大批珍奇文物,震惊了中国,亦震惊了世界。它在被全世界瞩目的同时,也招来了国内外一些盗窃团伙和不法分子的垂涎。法门寺地宫发现稀世瑰宝的消息刚一传开,国内盗窃走私文物集团便与香港黑社会勾结,里应外合,纷纷向法门寺伸来一双双罪恶之手。他们潜伏在法门寺周围,千方百计寻求时机,企图制造出一起洗劫国宝的重大盗窃案。

　　盗贼们的鬼魅行动,岂能逃出机警过人的法门寺保安人员的眼睛。他们立即将此情况反映给有关部门,陕西省政府接到有关部门的汇报,当即向武警陕西省总队发出了守护法门寺出土文物的命令。接到命令的陕西省武警总队宝鸡支队速派一队武警战士驱车赶赴法门寺。他们一到法门寺就荷枪实弹守卫在法门寺地宫周围,组成了一个任何不法之徒都无法逾越的铜墙铁壁。

　　话说自武警战士进驻法门寺之后,法门寺宛如暴风骤雨降临前,呈现出前所未有的安宁。昔日在法门寺周围游荡的"陌生人"没有了,"敬佛"的人减少了。然而,此刻在法门寺附近的村舍里,"陌生人"却愈来愈多,尤其是位于法门寺 30 里之外的扶风县城汽车站,每天人流如织,操着不同口音的"陌生人"过往不断。

"道高一尺,魔高一丈"。面对戒备森严的法门寺地宫,盗贼们的行动更加隐秘,并不断走向精密化、技术化和智能化。他们聚集人力秘密绘制法门寺地形图,寻求新的突破口。

日子,就这样在连绵不断的春雨中匆匆而过。面对敌人的狡黠、诡诈,战士们忍无可忍,根据侦察分析,他们初步掌握了几位可疑分子的行踪。于是,武警部队决定:主动出击,引蛇出洞。

那是一个美丽的黄昏,当夕阳将它的最后一抹余晖铺洒在关中平原那绿油油的麦海里的时候,在法门寺附近的乡间小道上,行走着一位身材瘦小、干练机敏的年轻人,他穿一件乡间青年常穿的黄色上衣,脚蹬一双旧式粗布鞋。不一会儿,迎面向他走来了一位身着蓝色中山装,高高鼻梁上挂着一副黑边眼镜的中年人。

待及两人走近,那戴眼镜之人面带笑容上前招呼道:"小兄弟,您好!"

那年轻人似乎一怔,戴眼镜的人又道:"抽支烟吧!"说着递过烟来,年轻人接着,点了点头。

"您家就住在这个村吗?"来人指了指前面一个村子问道。

"嗯。"年轻人轻轻应了一声。

忽然,只见那戴眼镜的人,神秘地凑近年轻人的耳边,悄声道:"小兄弟,我过几天想在您家寄放些东西,可以吗?"

"啥?"年轻人惊讶地问道。

"到时您会知道的,这是点小意思,请您先收下,事成之后比这还多。"那人说着拿出一些钱来,递给年轻人。

法门寺传奇

当夜幕降临的时候,那个戴眼镜的人便跟着年轻人去看房子。门开了,突然闪出两名身着警服的武警战士,那人见势不妙,拔腿欲跑,说时迟,那时快,只见年轻人转身一个扫堂腿扫将过去,来人随即倒地。

"你……你是……"

年轻人笑了。他正是守护国宝的武警战士,名叫魏武。他们根据侦察到的情况,让小魏打扮成一个农民与那可疑之人接近,引鱼上钩。

经审问,这家伙供认他是文物盗窃团伙的一员,他的主要任务是绘制法门寺周围交通地形图,寻找放置文物的场所。他还供认:晚上10点整,他们团伙将在法门寺北边的一个小山洞里会面。

10点钟。可此刻已是9点半了,刻不容缓,武警战士们立即出动。然而,天不作美,偏巧下起了蒙蒙细雨,道路泥泞,一步一滑。为了防止暴露目标,战士们只好摸索着向那山洞进发。等战士们赶到山洞,盗贼们已杳无踪影,只留下散落满地的烟蒂和罐头瓶。

面对武警战士追击,狡猾的盗贼们见势不妙,随即加紧活动起来。一日,随着轰隆一声巨响,法门寺不远处忽然失火,顷刻间,浓烟滚滚,火势熊熊。"救火了,快去救火呀!"大火惊动了所有的法门寺人,他们叫喊着,一齐跑向火灾现场。

然而,就在这哭喊声响成一片之时,有人却在暗地里狞笑;正当人们纷纷奔赴火灾现场灭火之时,有人正鬼鬼祟祟地向法门寺地宫入口处溜去。

盗贼们的"调虎离山计"成功了。他们发现在奔赴火灾现场的人群中,也有许多从法门寺赶来的守护国宝的武警战士。就像饿狼对于猎物的贪婪,他们妄想着,不到几分钟,法门寺那些稀世珍宝便会成为他们的囊中之物;用不了多久,那些还带着古香古色的珍贵文物,就会变成他们终生享用不尽的大堆钞票!啊,他们仿佛已经感到了宴会上的狂斟猛饮,霓虹灯下的狂欢狂舞,席梦思床上的玫瑰梦……

就在人们全力以赴灭火之际,一辆乳白色的面包车疯狂地向法门寺窜来,车未停稳,就从上面跳下几个鬼头鬼脑的家伙,纵身越墙而入,直扑珍藏国宝的地宫入口处。

盗贼们自信,这次行动之前,他们早就对法门寺的地势、设施进行了调查,为了这次行动的绝对成功,他们曾进行过无数次的模拟演习。他们狂妄地以为,最多不超过5分钟,这神秘地宫的国宝就会被他们洗劫一空。

但是,狐狸再狡猾,也逃不出猎人之手。就在这帮家伙得意忘形,正在为他们的周密计划庆幸时,他们万万没有想到,一队武警战士忽然从天而降,闪电般地冲向地宫入口,将他们团团包围起来,黑洞洞的枪口对准了他们的胸口。

1987年4月10日午后,一场淅淅沥沥的小雨,使整个法门寺笼罩在一片雨雾之中。此刻,正是午休时间,地宫口只有李兵一人在执勤。忽然间,只听咚的一声从不远处传来,李兵寻声望去,但见一人翻墙而入,正顺着墙角向地宫入口方向逼近。

"什么人?"李兵大喊一声。

听见喊声,那家伙拔腿就向大门口跑去,企图引走李兵。李兵正欲追赶,但他机敏地环视四周,又见一个家伙正从另一侧猫腰向这边靠近。

法门寺传奇

"好狡猾的盗贼。"李兵心里骂了一句,便来了个将计就计,他假装追赶,拉响枪机警告道:"再跑就要开枪了!"那跑向大门口的家伙顿时瘫倒在地上,这时,只见李兵跃而转身,几个箭步冲将过去,把那靠近地宫的家伙打倒在地。战友闻讯赶来,这两个盗贼当场就擒。

原来,这两个家伙是本地的惯窃,这次他们与来自香港的一个盗窃集团勾结,凭借熟悉地理环境的优势,先行一步,妄图利用天下大雨,午间休息时人少的机会,借机行窃。

1987年4月15日至17日(即古历四月初八至初十),正当法门寺地宫文物开掘工作进入最紧张的阶段,一年一度的法门寺古庙会开始了。也许是出于法门寺掘宝消息的感召,今年的庙会格外热闹,一时间,法门寺附近村舍的人们潮水般地涌进了法门镇,汇成了一个人的海洋。在这人海中,有拜佛烧香的善男信女,有专程来看热闹的悠闲之人,也混杂着不少心怀鬼胎的不法之徒。

法门寺内涌进来的人越来越多,就在这人多杂乱的时候,不知谁先喊了一声:"法门寺出了宝物,应该让群众参观一下啊!"这句话犹如一石击水,顿时搅乱了平静的气氛,很多游人跟着附和,引起了阵阵骚动。

这时,有人趁机在法门寺街上造谣说:"大寺内展出文物,大家快去看呀!"人们一传十,十传百,不知真相的人们真以为要展出文物,听到这一消息,欣喜若狂,一齐拥到了法门寺,正在拜佛的人停止了,做生意者不做了,看热闹的挤来了……霎时,法门寺被拥得水泄不通,要求参观宝物的喊声震耳连天。

群情激昂,难以抑制。有关部门经过研究,即刻做出决定,拿出几件文物供群众参观。

为了确保文物的绝对安全,守卫法门寺国宝的武警部队作了紧急而精密的部署:立即制定了应急方案,规定了联络讯号,周密布置了兵力,划分了警戒范围……这一切,都在十几分钟内全部完成。

听到法门寺展出文物的消息,一群接一群的人涌进了法门寺。大家你推我,我推你,争先恐后地向前拥挤。吵声、骂声、喧闹声响成一片。此刻,大部分人的心目中都怀着对神秘国宝一睹为快之心,然而有人却怀着另一种企图。就在人声鼎沸的刹那间,人群里出现了更大的骚动,仿佛如大海里突然涌起的波浪,人群如"波涛"激荡起来。立时,大人的呼喊声、小孩的哭叫声、闹事者的怒骂声交织着,把这场闹剧推向了高潮。

眼前发生的这一切,却未逃过武警战士曹平国那双犀利的眼睛。他看得清楚,这一闹剧的导演者就是那几个身着西装的小伙子和一个打扮入时连续参观过法门寺三次的女郎。

正当人们向前奋力拥挤的时候,只听那女郎突然大喊一声:"抓流氓!"人群一下子乱了,两个早有准备的小伙子,扭住身边一个青年,就是一阵拳打脚踢。霎时,人群更加混乱起来,人们一齐回头,呼啦啦向打架处卷将过来,一场大乱就这样被掀动起来。

就在这时,那帮早有预谋的盗贼们,趁机向地宫口靠近。地宫口附近也发生了混乱。

面对这种混乱场面,早有准备的武警战士没有惊慌。只见曹平国与两个战士冲进人群,三两下拳脚,就将那几位闹事者擒拿在手。在战士们的宣传下,惊恐万分的群众也慢慢地恢复了

二十　法门寺文物无一失　黑社会集团徒手归

平静。冲到地宫口的那几个家伙也被早就守卫在那里的战士抓住。

至此,这帮阴谋制造混乱,欲借法门寺古庙会兴风作浪,煽动群众要求观瞻国宝,趁机行窃的盗窃集团被一网打尽。

公元1987年5月30日,在古城西安陕西省政府黄楼举行的法门寺出土文物新闻发布会上,全国政协副主席、中国佛教协会会长赵朴初先生,郑重地向全世界庄严宣布:在武警战士的精心守护下,法门寺地宫佛财瑰宝全部发掘完毕,800余种稀世罕见的文物无一丢失。

翌日,日本《朝日新闻》也发出消息:中国了不起,数百件珍贵文物万无一失。

香港《文汇报》也刊出文章:《黑社会集团空手而归》。

正是:

展瑰宝奇章炳焕,用竭丹诚筹神策。

聚魑魅贪念竞起,算尽机关落天网。

后　记

　　法门寺历史悠久,驰名中外,乃世界佛教圣地,向为"关中塔庙之祖"。而今,法门寺地宫的发现,迷离千年的释迦牟尼佛指舍利的再现,使其成为目前世界上唯一完好保存佛祖真身舍利的古刹,更加为世界所瞩目。这不仅是中国佛教史及世界佛教史上的空前盛事,亦是人类文明史上的一件大事,是我中华文明源远流长的标志。

　　然而,当我们站在人类历史及佛教史的源头放舟而下,透过法门寺的历史变迁,却不难看到,围绕法门寺佛塔寺庙的建修废毁,中国历史上演就了多少悲喜剧,乡间里弄流传了多少动人传说,人民群众对它寄予了多少深情希望。因此,为了使读者透过那历史的层层表象,从更深刻、更全面的层次上去了解法门寺的历史渊源及其兴盛衰败,给人以心灵的震撼和新的历史启迪,我撰写了《法门寺传奇》一书。本书以历史事实和纪实为主,以民间故事、历史故事和传说为辅,并力求使二者有机结合起来,以文学手法再现历史材料,从而使作品达到既浑厚充实又趣味无穷的艺术效果。本书旨在通过法门寺兴衰命运的描述以及人们礼佛心理的刻画,折射出我们中华民族的千年文明史、盛衰史,折射出佛教在中国的发展史以及佛教流传到中国之后对我国政治、思想、文化、社会心理诸方面的影响,反映出人民的善恶观以及他们在无可依赖时寄望于佛门的心情,并进而说明,法门寺只

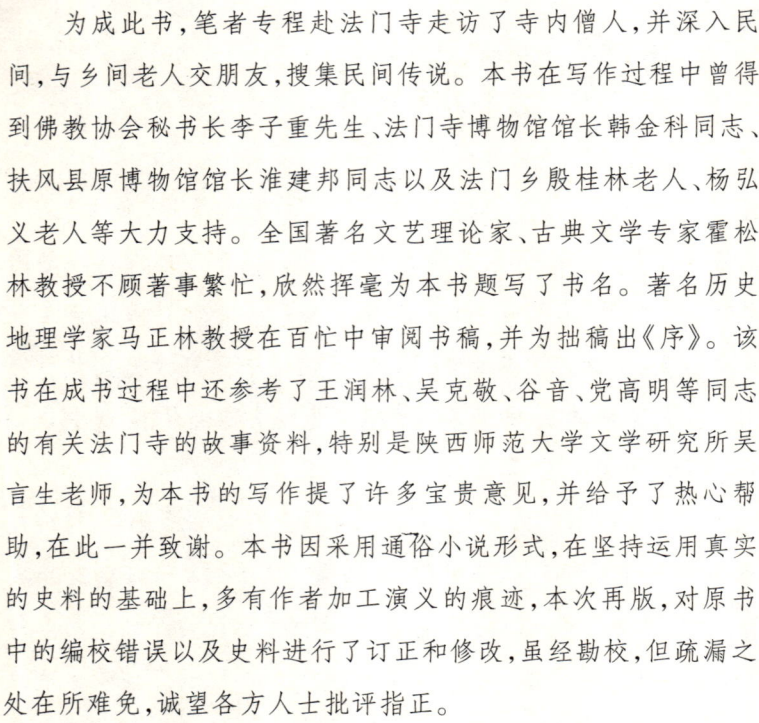

有到了新中国新的发展时期,才真正获得了生命力,它不再只作为一佛教圣地著称于世,更成为世界人民观光、旅游的圣地。

为成此书,笔者专程赴法门寺走访了寺内僧人,并深入民间,与乡间老人交朋友,搜集民间传说。本书在写作过程中曾得到佛教协会秘书长李子重先生、法门寺博物馆馆长韩金科同志、扶风县原博物馆馆长淮建邦同志以及法门乡殷桂林老人、杨弘义老人等大力支持。全国著名文艺理论家、古典文学专家霍松林教授不顾著事繁忙,欣然挥毫为本书题写了书名。著名历史地理学家马正林教授在百忙中审阅书稿,并为拙稿出《序》。该书在成书过程中还参考了王润林、吴克敬、谷音、党高明等同志的有关法门寺的故事资料,特别是陕西师范大学文学研究所吴言生老师,为本书的写作提了许多宝贵意见,并给予了热心帮助,在此一并致谢。本书因采用通俗小说形式,在坚持运用真实的史料的基础上,多有作者加工演义的痕迹,本次再版,对原书中的编校错误以及史料进行了订正和修改,虽经勘校,但疏漏之处在所难免,诚望各方人士批评指正。

翟　博

1989年9月于西安杏园苦寒斋

再版后记

　　法门寺是世界佛教圣地,也是人们向往的旅游胜地。法门寺地宫的发现,迷离千年的释迦牟尼佛指舍利的再现,使法门寺成为目前世界上唯一完好保存佛祖真身舍利的古刹,为世界所瞩目。本书采用历史通俗小说(章回体)的形式,在展现历史真实的基础上,以文学手法再现历史,属描写法门寺的最早的一部文学作品。

　　1987年夏天,我顶着酷暑炎热,专程赴法门寺拜访寺内僧人,并深入民间,搜集民间传说,与乡间老人交朋友,听他们讲法门寺故事。同时,我多方采访佛教研究专家、历史文化专家学者、法门寺地宫发掘亲历者和文化文物工作者,在研读佛教经典,研究掌握大量历史、文化、佛教、民间资料和故事的基础上,构思创作。到1990年写成此书,历时两年多,期间创作的兴奋、甘苦,至今依然历历在目。

　　本书第1版于1990年10月由陕西旅游出版社出版,薛放编辑为此付出了辛劳。此书出版后在读者中引起了很大反响,应读者和法门寺佛教协会及法门寺博物馆的要求,于1994年9月第2次印刷。期间,法门寺博物馆研究室主任李发良先生为此做了大量工作,提供了无私的帮助。

　　本书深受读者喜爱,一直是法门寺旅游读物的畅销书。应读者和法门寺佛教协会、法门寺博物馆及法门寺旅游公司的要

求,陕西师范大学出版总社有限公司欣然决定再次出版此书。按照出版社的要求,我重新修订了此书,以不辜负广大读者和出版社的厚爱和期待。在这里,我要特别感谢陕西师范大学出版总社张建明老师。他对此书的再版给予了精心指导、无私帮助,其精益求精的工作态度和敬业精神,让我钦佩和感动。同时,我还要感谢陕西师范大学出版总社各位领导对本书再版给予大力支持和关心帮助,使本书在出版20多年后,再次以新的面貌与读者朋友见面。陕西师范大学出版总社是目前享誉海内外的知名大学出版社,能在有着骄人业绩和声誉的母校出版社再版此书,我非常荣幸,这也是我最看重的地方。再次出版本书,以飨读者。不足之处诚望各方人士批评指正。

翟　博
2014年1月于北京